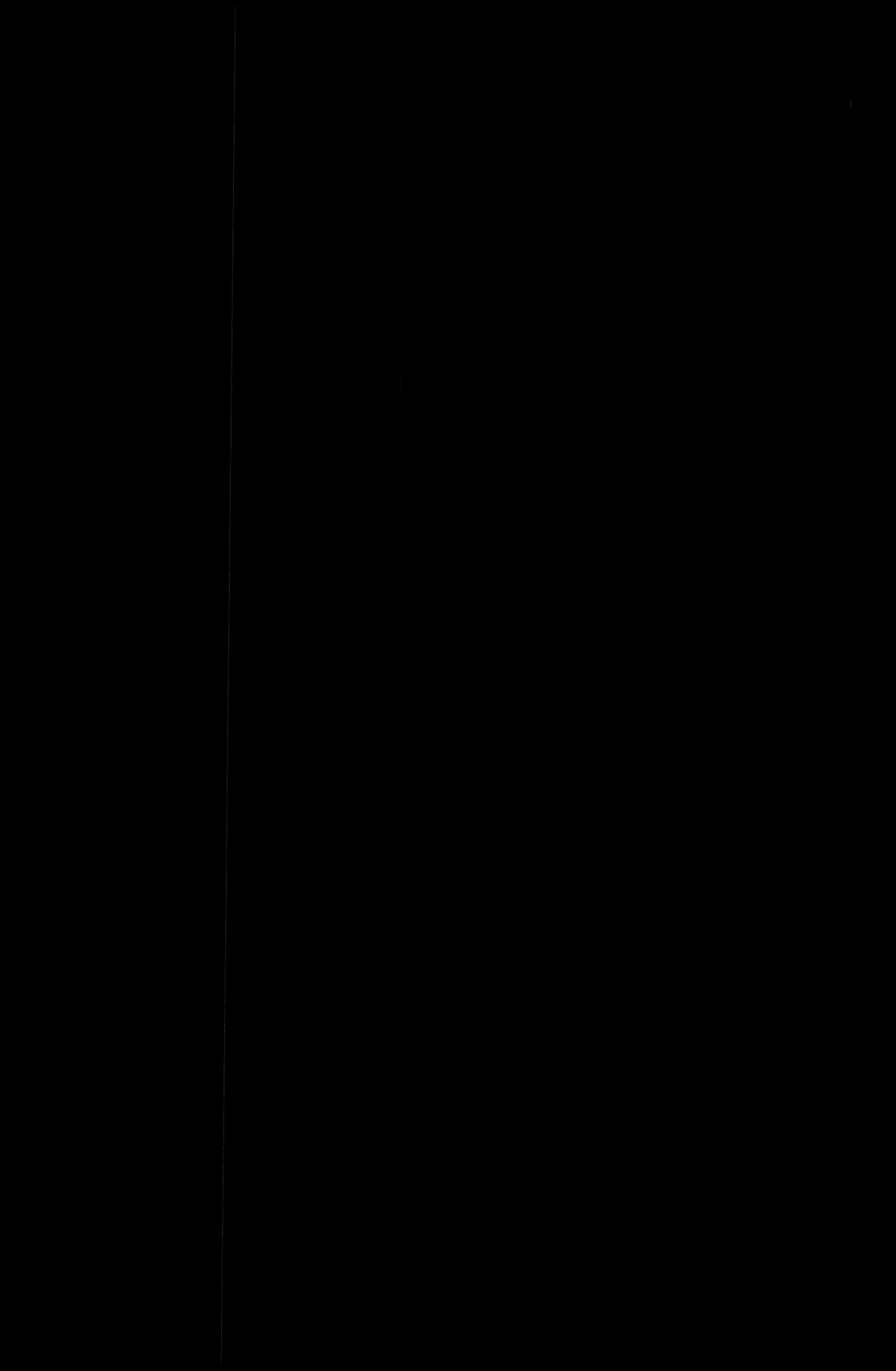

设计策展·理论与实践系列

思考当代策展

Thinking Contemporary Curating

［澳］特里·史密斯（Terry Smith） 著
薛天宠 译
纪玉洁 审校

机械工业出版社
CHINA MACHINE PRESS

Thinking Contemporary Curating

by Terry Smith

Copyright © 2012 Independent Curators International (ICI), New York.

Texts copyright © 2012 the author.

Simplified Chinese Translation Copyright © 2025 China Machine Press. This edition is authorized for sale throughout the world.

All rights reserved.

此版本可在全球销售。未经出版者书面许可，不得以任何方式抄袭、复制或节录本书中的任何部分。

北京市版权局著作权合同登记　图字：01-2023-3540号。

图书在版编目（CIP）数据

思考当代策展 /（澳）特里·史密斯（Terry Smith）著；薛天宠译. -- 北京：机械工业出版社，2025.4.（设计策展）. -- ISBN 978-7-111-77700-7

Ⅰ. G245

中国国家版本馆CIP数据核字第2025ET3747号

机械工业出版社（北京市百万庄大街22号　邮政编码100037）

策划编辑：马　晋　　　　　责任编辑：马　晋
责任校对：丁梦卓　张亚楠　责任印制：单爱军
保定市中画美凯印刷有限公司印刷
2025年9月第1版第1次印刷
155mm×230mm・15印张・1插页・185千字
标准书号：ISBN 978-7-111-77700-7
定价：78.00元

电话服务　　　　　　　　　网络服务
客服电话：010-88361066　　机 工 官 网：www.cmpbook.com
　　　　　010-88379833　　机 工 官 博：weibo.com/cmp1952
　　　　　010-68326294　　金 书 网：www.golden-book.com
封底无防伪标均为盗版　机工教育服务网：www.cmpedu.com

中央高校基本科研业务费专项资金资助
中央美术学院自主科研项目资助

ICI 的策展视野

凯特·福尔（Kate Fowle）

《思考当代策展》这本书最早的构思源自2011年3月11日举办的"当下的博物馆"（The Now Museum）学术研讨会，该研讨会由国际独立策展人协会（ICI）与纽约市立大学（CUNY）研究生中心、纽约新当代艺术博物馆（New Museum）合作举办。与会嘉宾包括艺术家、艺术史学家、策展人、美术馆馆长，他们在为期三天的研讨会中围绕"当代艺术博物馆"概念的多样化发展进行了几轮小组讨论和对话，就非洲、美洲、亚洲、欧洲、中东地区最新的当代艺术发展趋势以代际视角发表了观点。

研讨会的主要内容包括博物馆实践在历史叙事中的重新审视（或其所遗漏的部分），传统博物馆架构的替代模式，以及愈发紧密的国际合作等方面的最新议题。整场研讨会展示出了发言者们对"当代美术馆"作为一个场所或一个概念的不同观点。显而易见的是，策展人和艺术史学家之间，有时也会与观众之间因观点碰撞而出现一些分歧，即便讨论的是同一个话题，他们也常常意识不到这一点，导致难以明确问题的关键所在，很难在推进想法方面制订出合作计划。

这种分歧在第一天下午的讨论中尤为明显，讨论主题为"当代化的历史/当代的历史化"。由克莱尔·毕晓普（Claire Bishop，纽约市立大学研究生中心艺术史博士项目副教授）主持，讨论成员包括奥奎·恩维佐［Okwui Enwezor，德国"艺术之家"（Haus der Kunst）总监］、安妮·弗莱彻［Annie Fletcher，范纳贝博物馆（Van

Abbemuseum）策展人]、马西米利亚诺·吉奥尼（Massimiliano Gioni，新当代艺术博物馆副总监兼展览总监）和特里·史密斯。这种分歧在随后的多个会议中持续出现，成为整个研讨会中引人关注的"插曲"。

大约在一个月后的一次晚餐上，我把这个"插曲"告诉了特里·史密斯，并询问他认为这件事的根本原因是什么，我认为这可能是由语言风格和使用方式的不同所致。艺术史学家通常被训练（也被期望）对任何给定的话题提出独特的观察视角（即使是微小的不同），概述与其相关的事实和问题并提供解决方案，最终给出证明他们观点正确的结论。相比之下，策展人则采取一种更具探索性（通常较为迂回）的方式，他们从个人经验出发阐述相关问题，通过描述一个项目或不同艺术家的实践，将这些实践探索作为理解关键点的方法，最后提出开放式的建议并得出结论：研究正在进行。

史密斯并不完全同意我的观点，他认为"插曲"中存在的一些问题是由策展人主导的策展模式日益多样化所致。虽然通常认为策展人角色的"成熟"标志是在20世纪90年代实现其职业化和从官僚机构中独立出来，但我们仍在探索构成当代策展的真正内容是什么。如果策展人的角色定位延续不变，仍停留在幕后、务实并明显以服务为导向的工作目标，那对细节和术语的冗长描述或许是不必要的。伴随着全球范围内策展需求的增加，其表现形式正在发生改变，并逐渐脱离既有的惯例。此外，围绕策展的语言概念仍处于萌芽阶段，甚至多是尝试性的，这从实践者们经常使用的经验性、轶事性回应中可以看出。在我们深入探讨上述问题的同时又产生出新的同样重要的问题：当代策展思想有何独特之处？

因此，《思考当代策展》成为第一部在这个尚在形成的领域中奠定基础的书籍。正如史密斯在致谢中所描述的那样，他积极地参与世界各地的许多展览、讨论会和项目，并对新兴和资深策展人的想法、实践和成果进行了全面了解。本书的内容结构是受一次专家闭门讨论会的启发，分五个章节来定义策展的五个方面或五种实践。史密斯探讨了当代性对策展的意义，并审视了策展人在艺术家、公众、展览、机构，以及在社会、政治和文化背景下建构全球性艺术世界的生态位。基于当代策展实践旨在颠覆传统的假设或立场，并重新思考地理和政治表征，史密斯还融入了历史中重要的展览案例、研讨内容和理念主张，这些都为我们提供了宝贵的经验。

本书是国际独立策展人协会出版的"策展视野"系列丛书中的第一本，旨在对策展人当前所面临的紧迫议题进行深入分析。自2010年以来，ICI发起了多项计划并以各种形式支持策展研究和发展："策展人的视角"（The Curator's Perspective）是在纽约举办并定期在美国各地巡回的系列讲座，为来自世界各地的策展人提供平台，展示他们对社会、政治形势影响策展实践的见解，以及他们认为对策展发展至关重要的项目和引发思考的艺术家案例。《快讯》（DISPATCH）是一份线上季刊，每期邀请不同的策展人担任编辑，围绕他们的生活和工作内容作为主题，为策展人提供一个灵活分享信息和创意的平台。"策展集训"（The Curatorial Intensive）是与国际机构合作的面向来自世界各地专业人士的短期项目，每年在纽约举行两次，该项目促使参与者们能够交流知识和专业技能，并获得珍贵的同行反馈。虽然这些项目、会议和奖学金计划都为策展人提供了验证想法、畅所欲言、建立全球网络平台的机会，但这套丛书的核心使命是将研究提升到更深层次。"策展视野"旨在响应该领域的快速发展，通过在每本书中专注于某个单一主题，并随着时间的推移逐步拓展所探讨的问题，同时也意识到在我们探讨策展实践中的关键问题时需要放慢脚步、深入理解其真正意义。

尽管《思考当代策展》是一个新的出版计划，但其参考先例可以追溯到2001年ICI出版的名为《智慧之言：当代艺术策展人指南》（*Words of Wisdom: A Curator's Vade Mecum on Contemporary Art*）一书，此书是第一本有关策展实践的书。相比较而言,本书的编辑方法有明显不同,书中包含60位专业人士的短文,这些专业人士在塑造策展领域的层面发挥着关键作用,为新一代的策展人提供了学习路径。他们包括林恩·库克(Lynne Cook)、比斯·库里格(Bice Curiger)、西尔玛·戈尔登(Thelma Golden)、侯瀚如(Hou Hanru)、瓦西夫·科尔顿(Vasif Kortun)、露西·R.利帕德(Lucy R. Lippard)、玛丽亚·林德(Maria Lind)、让-于贝尔·马尔丹(Jean-Hubert Martin)、赫拉尔多·莫斯克拉(Gerardo Mosquera)、汉斯·乌尔里希·奥布里斯特(Hans Ulrich Obrist)、塞斯·西格尔劳博(Seth Siegelaub)和哈拉尔德·泽曼(Harald Szeemann)等。今天很难想象,在十多年前美国只有一个策展研究硕士课程(全球仅有五个),有关策展主题的出版物也是寥寥无几。如今,我们需要的不再是增加资料的数量,而是出版更多具有国际视野和综合性的研究成果,致力于推动该领域的话语建构和系统完善。特里·史密斯在《思考当代策展》一书中所做的工作确立其在此类著作中的重要地位,将成为未来多年内重要的参考书。

本书能够顺利出版离不开许多人和机构组织的帮助与支持。ICI公共项目经理切尔西·海恩斯(Chelsea Haines)在全程指导本项目中体现出高度的敬业精神;优秀的编辑奥黛丽·沃伦(Audrey Walen)和创意无限的ICI设计师斯科特·波尼克(Scott Ponik)的辛劳让出版过程非常顺利;杰西卡·戈根(Jessica Gogan)在幕后默默地付出,确保图片和案例准确无误。

感谢克莱尔·毕晓普和尤吉·朱(Eungie Joo),他们和我共同构思、策划"当下的博物馆"学术研讨会,感谢奥奎·恩维佐、安妮·弗莱彻和马西米利亚诺·吉奥尼,他们与特里·史密斯共同讨论促成了本书的诞生。为重申史密斯的致谢,还要特别感谢参与2011年10月20日ICI举行的"当代艺术:世界潮流"(Contemporary Art: World Currents)策展研讨会的与会者们,感谢他们的观点和见解使本书得以成形。

衷心感谢ICI的工作人员，特别是为ICI注入活力的副主任雷诺·普罗赫（Renaud Proch），指导本项目的展览经理弗兰·吴·贾拉塔诺（Fran Wu Giarratano），以及确保本书顺利出版和传播的公关经理曼迪·萨（Mandy Sa）。

《思考当代策展》能够顺利开展还离不开雷·格雷厄姆三世（Ray Graham Ⅲ）对ICI的信任，以及伊丽莎白·费尔斯通·格雷厄姆基金会（Elizabeth Firestone Graham Foundation）对新出版物制作的慷慨资助。罗伯特·斯特林·克拉克基金会（Robert Sterling Clark Foundation）也提供了重要的支持，玛格丽特·艾尔斯（Margaret Ayers）和罗斯林·布莱克（Roslyn Black）在国际交流方面的贡献使ICI能够在世界各地开展有意义的项目和研究。ICI亦首次受益于新成立的国际论坛，该论坛的成员率先认识到ICI建立全球网络平台的重要性。再次对ICI董事会的持续支持和热情帮助表示衷心感谢。

最后，向特里·史密斯表达最深切的谢意，与他共事让我深受启发。我希望这只是我们研究的开始，这本书是一份令人惊喜的礼物，再次感谢他。

致谢

本书文章最初是基于2011年10月20日ICI在纽约举办的由特里·史密斯主持的"当代艺术：世界潮流"研讨会的讨论要点编写的，后结合研讨会期间的讨论内容和会后反馈内容几经修改并进行了大幅扩充。非常感谢研讨会的参与者：利扎·艾哈迈迪（Leeza Ahmady）、卡利亚·布鲁克斯（Kalia Brooks）、郑道炼（Doryun Chong）、莎拉·德莫斯（Sarah Demeuse）、鲁巴·卡特里普（Ruba Katrib）、奥尔加·科彭基纳（Olga Kopenkina）、戴安娜·纳维（Diana Nawi）和索菲亚·奥拉斯科加（Sofía Olascoaga）。感谢杰西卡·戈根（Jessica Gogan）对文本和图像深入且细致的研究，感谢罗伯特·拜利（Robert Bailey）、布里安·科恩（Brianne Cohen）、伊萨贝尔·加利拉（Izabel Galliera）、鲍里斯·格罗伊斯（Boris Groys）、彼得·S.迈尔（Peter S. Myer）、妮可·波伦蒂耶（Nicole Pollentier）、玛丽·卡门·拉米雷斯（Mari Carmen Ramírez）、若昂·里巴斯（João Ribas）和希拉里·罗宾逊（Hilary Robinson）对初稿的建议，以及在匹兹堡、悉尼、纽约和其他地方的策展同行们展开的非常有价值的非正式讨论。此外，还要感谢ICI的全体员工，尤其是为出版本书不辞劳苦的切尔西·海恩斯。将最深挚的感谢献给凯特·福尔，感谢她在ICI所做的充满创造力的工作，以及我们在策展实务方面的长期研讨。

献给　奥奎

目 录

ICI 的策展视野

致谢

策展的"诱饵"		001
1	什么是当代策展思想？	011
2	展览综合体的转变	035
3	艺术家作为策展人 / 策展人作为艺术家	075
4	策展当代性	111
5	当今的策展实践	145
基础设施		207

图片版权说明　　　　　　　　　　　　　　217

作者简介　　　　　　　　　　　　　　　　220

ICI 董事会　　　　　　　　　　　　　　　222

译后记　　　　　　　　　　　　　　　　　225

XIII

策展的"诱饵"

> A Curator's Last Will and Testament
>
> ① PASSION
> ② AN EYE OF DISCERNMENT
> ③ AN EMPTY VESSEL
> ④ AN ABILITY TO BE UNCERTAIN
> ⑤ BELIEF IN THE NECESSITY OF ART + ARTISTS
> ⑥ A MEDIUM - BRINGING A PASSIONATE + INFORMED UNDERSTANDING OF WORKS OF ART TO AN AUDIENCE IN WAYS THAT WILL STIMULATE, INSPIRE, QUESTION,
> ⑦ MAKING POSSIBLE THE ALTERING OF PERCEPTION

尼克·沃特洛（Nick Waterlow），《策展人最后的遗嘱》（*A Curator's Will and Testament*），2009年。同名视频拍摄于2012年，由朱丽叶·达林（Juliet Darling）与史蒂夫·辛恩S.J.神父（Father Steve Sinn S.J.）合作，DVD或蓝光，11.5分钟，连续循环

在探讨艺术展示之际，策展人的思维方式是否具有其专业的独特性？相较于艺术评论、艺术史论和艺术创作的思维方式，策展思维是否能够区别于这些与之密切相关的领域？同时，在公共属性和私人属性的博物馆或展示空间中是否能够区别于其他类型的策展方式？每场展览是否都能反映出策展人依据特定情境进行深入思考、与多元观念进行交锋、精心设计研究方案并提出具有洞察力的新观点？然而，值得注意的是，艺术策展人在进行"策展对话"过程中尽管饱含热情与执着，却往往倾向于采用华而不实的辞藻、堆砌理论和摆高姿态。策展作为一个以艺术与公众沟通作为驱动力的行业，令人意外的是，其促成沟通的对话往往倾向于内部导向。为何策展思维的核心内容却很少得到清晰的阐述？我认为，这个问题在当前策展实践所处环境之广泛、迅速且不断加速的变化过程中已展现出来了，这些变化要求一种不同于当下所适用的思维方式。这引出了一个关键问题，也是本系列文章致力于探讨的核心：什么是当代策展思想？

在面对策展范畴的边界不断扩展、广泛渗透至各类图像与活动组织之中的背景下，我提出质疑。如今，只要在激发创意、管理创新、组织创意作品展示或策划艺术类活动中发挥一点作用都可以被赋予"策展人"的头衔。例如，谷歌邀请用户在Picasa平台上整理（curate）个人图片集；一些餐厅展示由美食专家精心策划（curate）的菜单；某知名百货公司大肆宣传其"珠宝策展人"的名字；某画廊对策划开幕活动的设计师冠以策展人之名；惠特尼博物馆（Whitney Museum）更是在宣传册封面上鼓励会员们通过制订参展活动日程来策划他们自己的2012年双年展。这些策略的潜在目的在互联网企业家史蒂文·罗森鲍姆（Steven Rosenbaum）的"Curationnation.org"项目中得以印证，该项目旨在为企业提供指导服务，帮助它们在"消费者即创造者"的新时代中取得商业成功，其中策展被归类为从庞杂的数字信息中提炼出"可管理、具有吸引力的在线体验"。[1]

在艺术领域，"策展人"这一职业已不再局限于在艺术博物馆中管理藏品和展览布置的范围，而是将博物馆中如公共教育等核心项目的策划也囊括其中。博物馆通常会邀请兼职策展人来策划展览，这种模式已逐渐形成新的细分领域，即"独立策展人"。越来越多的从业者选择在这把光鲜但脆弱的"保护伞"下寻求庇护，他们中既有著名国际双年展和大型展览的艺术总监（其中大多数人至少在一家机构中担任职务），也有承担着各种杂务工作、被迫成为资本主义全球化之下的文化生产外包大军中的"炮灰"实习生，他们以参与看似酷炫的工作所带来的兴奋感取代了微薄且不稳定的劳动报酬。

尽管博物馆依然存续，但艺术策展工作已不再必然与之绑定，除非采用传统保守的界定方式，将首先致力于藏品管理和维护的策展人与只做展览制作的"策展人"（exhibition maker）二者区分开。[2]当前，策展的范畴正在扩展，不仅包括主题性策划展览，还包括在各类型替代性场所中进行的项目活动，且常与最具实验性的艺术空间紧密结合。以线上杂志*On-Curating.org*中最近一期内容为例，集中探讨了包括苏黎世、伊斯坦布尔、上海和墨西哥城等全球七个不同大都市中的公共领域、公共空间和公共艺术，文中对博物馆只字未提。[3]行为艺术双年展（Performa 11）的整体艺术活动日程由导演罗斯利·戈德堡（RoseLee Goldberg）策划，几乎每个活动均由表演者以外的策展人策划而成，总共有55名策展人参与其中。布鲁克林艺术家威廉·波希达（William Powhida）对金融资本主导当代艺术行业的现象抱有强烈的批判态度，针对切尔西马尔伯勒画廊（Marlborough Gallery, Chelsea）在2010年采用夸大其词的宣传手法吸引观众的事件，他评价道："目的之一正是利用媒体来进行话题炒作。"[4]如果是按照某种特定方式和某种意志进行实践，似乎连对策展本身的批判性探讨亦可成为策展对象。例如，2011年11月17日在纽约大学加勒廷个性化学习学院（Gallatin School of Individualized Study, New York University）举办的"干预性策展研讨会"（A Symposium of Curatorial Interventions），活动家、行为艺术家及学者利塞特·奥利瓦雷斯（Lissette Olivares）被委任为该活动的策展人。

面对"应秉持何种模式和主旨精神"的问题，当前学界普遍认为：策展的本质是对文化的深切关怀，其核心在于协同艺术或创意推动者开展其工作，这种协同需以同理心、洞察力为基础，追求高效且不失风格。上述回应虽能在应对紧急的项目需求和开展新项目的过程中作为描述性参考，但并未触及当代策展的核心特质，亦未能构成对当代策展理念的准确定义。

一部分人对策展人是否具备批判性思维能力持怀疑态度。

鉴于后现代主义作为批评范畴已日渐式微，且尚未出现能够被普遍认可的替代理论，"当代"（the contemporary）一词便成为界定当前艺术领域的表述方式。然而，准确界定当代艺术的"当代性"仍极为困难，虽然对"当代艺术"这一称谓的适用性仍存有疑虑，但它已成为表述20世纪90年代兴起的"后·后现代艺术"（the post-postmodern art）的通称。直到现在，"当代艺术"被视为批评范畴而非仅仅是新闻性或策展性（curatorial）话题时，它才获得了应有的学术关注。[5]

请读者注意其中的区别，这段论述在准确描述"当代"一词用于指代当今艺术的同时，也微妙地划分了界限，对于批判性话语在处理当代艺术时的时间滞后问题的描述则不够精确。阅读此段内容的策展人可能会像我一样对其潜在的含义感到震惊，即他们的思考被等同于新闻报道，且根据分类定义来看，它永远无法达到批评的层次。

事实上，当代策展思维的构成要素是易于辨识的，策展人们经常与他人进行讨论、反思并分享这些要素，其凝聚了策展人的原则、价值观、思想、经验法则和伦理规范。曾多次担任悉尼双年展艺术总监的澳大利亚籍策展人尼克·沃特洛，于去世前不久（他不幸于2009年11月去世）在笔记本中记下了七点内容，其标题为《策展人最后的遗嘱》，内容如下：

1.热情；2.敏锐的洞察力；3.兼收并蓄；4.随机应变；5.对艺术和艺术家充满信任；6.媒介——将对艺术作品的理解以充满热情且富有见解的方式传达给观众，旨在激发创新、启迪与思辨；7.将观念转变成可能。[6]

诸如此类的价值观与许多策展人更具计划性的工作产生了共鸣，他们重新构想博物馆、书写策展历史、创新展览形式、将策展延伸到教育活动中，以及在艺术领域之外进行实验性策展，这些驱动力正在重塑现代策展思维。上述因素对于现代策展的发展至关重要，尽管在当前的讨论中尚未充分展开，但需要重新思考这些问题，包括观众角色和将观众视为共同策展的伙伴，以及面对策展当代性自身的挑战，其中也包括现在、过去和未来的不同形式。

以下将从五篇随笔式的文章深入探索这一充满变数的领域，这些文章均来源于过去一年里我在艺术行业中的亲身经历和感悟，并对当时涌现的各类想法、事件及遭遇做出的即时回应。同时，文中将适时穿插回顾性分析和当前策展领域出现的新的相关文献，以期为读者呈现出多样化的视角。为了更好地理解我试图表达的要义，可将思考、当代、策展三个词想象成布鲁斯·瑙曼（Bruce Nauman）的《100个生与死》（100 Live and Die, 1984），该作品是日本濑户内海直岛的贝尼

布鲁斯·瑙曼,《100个生与死》,1984年,霓虹灯装置,299.7厘米×335.6厘米×53.3厘米,收藏于日本贝尼斯控股有限公司

斯之家博物馆（Benesse House Museum）的重要展品，作品中"and"两侧的文字在艳丽的霓虹灯中随机闪烁。请将我标题中的术语（思考、当代、策展）视为三个独立而鲜明的思想碎片，它们各自闪耀，却又在不经意间交织成一系列近乎句子结构的表达形式，这种表达超越了传统语言的表面含义，触及更为本质且深层的维度，并在当代语境下，以愈发强有力的态势冲击着这层"正式语言"的桎梏，展现出策展领域的新思考与新趋势。

我并非专业的策展人，仅参与过少数几个展览的策划工作。[7]更确切地说，我是一位艺术史、艺术批评、艺术理论研究者和教师，同时也是对展览充满热情的专业观众和展览爱好者。多年来，我深受策展人的启发与影响，无论是那些专注于藏品研究的策展人，还是那些从未想过要踏入博物馆体制的独立策展人，他们的研究成果都让我受益匪浅，这些思考也是出于我对策展人工作的尊重和感激而试图回馈这个领域。我与艺术的第一次接触是缘起于一位策展人。我来自一个几乎没有艺术细胞的家庭，小学时期，艺术作为一种可复制的装饰品存在于我的认知当中，仅此而已。然而，让我邂逅"艺术"并发现它的魅力，是在一个非常神奇的瞬间。在九岁那年，父亲带我去墨尔本自然历史博物馆看恐龙和法雅纳（Phar Lap）的雕像。我被楼梯下柜子里的彩色草稿吸引，上面的图像与我平时画的漫画很像。我爬上楼梯的平台，在另一个柜子里同样发现了一些图画，是充满张力的、富有力度的线条画。当我走到楼梯的顶层，四处张望寻找更多时，一幅令人赞叹的画卷呈现在眼前：轰轰烈烈的战斗场面、光彩熠熠的人物形象和梦幻般的风景。这些正是维多利亚国家美术馆的藏品，当时和现在一样，美术馆收藏了大量由费尔顿（Felton）遗赠的欧洲艺术作品，以及当地艺术家捐赠的澳大利亚艺术作品。最吸引我的作品是来自威廉·布莱克（William Blake）为但丁的《神曲》绘制的插图，还有他为《约伯记》绘制的一组铜版画。多年后，版画与素描部的策展人乌苏拉·霍夫（Ursula Hoff）博士告诉我，她特意把这些作品放在那里，希望它们能为这座城市的年轻人带来与我相同的触动。[8]这正是策展的魅力所在，它像是一个精心布置的"诱饵"。

在这些文章中，我尝试结合多位策展人的观点，探讨当代策展思想的构成要素。同时，这些文章也是一系列具有启发性的尝试，它们敦促策展人将"当代"议题进行更多维度的深入思考，并应对策展当代性的挑战。

1 Steven Rosenbaum, *Curation Nation: How to Win in a World Where Consumers are Creators* (New York: McGraw Hill, 2010), http://curationnation.org/pages/aboutthebook.
2 罗伯特·斯托尔（Robert Storr）在他的文章《展示和讲述》[Show and Tell，该文刊登在 Paula Marincola, ed., *What Makes a Great Exhibition?* (Philadelphia: Philadelphia Exhibitions Initiative, 2006), 14.] 中提出了一个界定标准，对于希望在专业领域内进行规范化指导的博物馆展览策划者而言，这篇文章极具参考价值。同样值得推荐的还有卡洛斯·巴苏阿尔多 (Carlos Basualdo)、林恩·库克等人在该文集中登载的论文。
3 *On-Curating.org* 11, no.11, "Public Issues," n.d.,
http://www.on-curating.org/documents/oncurating_issue_1111.pdf.
4 引自 Carolina M. Miranda, "Biting the Hand that Feeds Them," *Art News* 10, no. 11 (December 2011): 89.
5 Avanessian and Skrebowski, "Introduction," in Armen Avanessian and Luke Skrebowski, eds., *Aesthetics and Contemporary Art* (Berlin: Sternberg Press, 2011).
我对"时间滞后"的评论是基于这样的事实：自20世纪90年代以来，我们中的一些人就一直在努力从批判的角度对"当代性"进行理论化，就我而言，自2001年以来，我就在出版物中进行这样的尝试。然而，这一努力在过去两三年中才得到更多的关注。
6 影像《策展人最后的遗嘱》，尼克·沃特洛的伴侣朱丽叶·达林于2012年4月在悉尼放映。
7 我的策展经历并不多，基本都是在合作中完成的。1971年7月16日至8月6日，"现状：物体或后物体艺术？"（The Situation Now: Object or Post-Object Art?），悉尼当代艺术协会画廊的首次展览 [与托尼·麦吉利克(Tony McGillick) 合作]；1984年，"梦想、恐惧与欲望：澳大利亚人物绘画大观（1942—1962）"（Dreams, Fears, and Desires: Aspects of Australian Figurative Painting 1942-62），悉尼 S.H. 厄文画廊、纽卡斯尔地区美术馆、莫纳什大学艺术画廊、悉尼第五届双年展和悉尼大学鲍尔美术学院 [与克里斯汀·迪克森 (Christine Dixon) 和弗吉尼亚·斯佩特（Virginia Spate）合作]；1999年，"全球概念主义：起源之处"（Global Conceptualism: Points of Origin），纽约皇后美术馆（与其他8人一起担任顾问策展人）；2001年，"艾伯特·康恩的成就"（The Achievement of Albert Kahn），安娜堡密歇根大学艺术画廊（担任顾问策展人）。此外，我还曾任职于悉尼当代艺术博物馆董事会（1989—2000年）、悉尼澳大利亚摄影中心（1996—2000年）和匹兹堡安迪·沃霍尔博物馆（自2002年起至今）。
8 关于乌苏拉·霍夫博士的更多信息，请参阅 Sheridan Palmer, *Center of the Periphery: Three European Art Historians in Melbourne* (Melbourne: Australian Scholarly Publishing, 2008).

·1·
什么是当代策展思想？

在我最近的文章《艺术史的现状：当代艺术》（The State of Art History: Contemporary Art）中追溯了"当代性"一词在现代艺术话语中的使用情况，并提出了一个关于当代艺术的艺术史假说。文中试图构建一个框架，以明确辨识出当代生活对艺术创作、艺术批评和艺术史研究的思维要求，即情感洞察力。这是进行创作和理论研究不可或缺的核心要素。尽管承袭而来的灵感、媒介的局限性和可能性，以及众多充满创造力的艺术路径仍然在艺术创作和书写艺术史中具有重要意义，但我们对"当代性"的体验正在以当今多样且复杂的时间共存方式塑造着艺术创作、批评和历史，并不断促发新的概念、媒介和语言的生产。我的思考如下：

场所营造、世界图景和连通性是当下艺术家们最普遍的聚焦点，因为它们构成了当代存在的本质。这些元素日益超越了基于风格、形式、媒介和意识形态的区分界限，并成为当代艺术的共同特征。因此，准确区分每件艺术作品中的这些元素，是回应当代性要求的艺术批评所面临的最重要挑战。而当代艺术史的任务，正是在塑造当代的更大力量中追寻每件艺术品的价值。[1]

在当前艺术策展的语境下，能否简洁地阐述当代性的含义？如果可以，首先要认识到当代策展的对象范围远超出当代艺术范畴。其必须涵盖其他类型的艺术：历史中已创作出的艺术、创作于当下的"非当代"艺术，以及前瞻性的未来艺术（许多艺术家构想的艺术并不受过去－现在－未来这种三元结构的束缚，部分策展人亦认同此理念，并已开始践行）。与当代艺术一样，当代策展也深陷于时间之中，但并不受其束缚；与时间分期的冲动纠缠，却不为其奴役；致力于营造包括现实空间和虚拟空间在内的多种类型空间；同时焦虑于地点/场所，但又为弥散的"游击"（roller-coaster ride）感到兴奋。相反，它不遵循某种规则，更确切地说，策展之道取自一系列新兴立场的融合。那么，我们是否可以这样理解当今策展的目的：展示（包含广义上的展出、提议、促成体验）当代存在及当代性，无论这些表现形式出现于现在、过去、多时空维度，甚至非时间性的艺术作品之中。由此可见，尽管所谓"当代艺术"确实激发了包括较前时期在内的艺术展览等各种形式的当代策展，但它并未将策展人束缚于时间限定的要求之上。简而言之，我所定义的艺术是指经过刻意创造的存在，经过自我反思的过程并考量了过去已有及其他可能出现的艺术形式，通过视觉手段以体现其存在并与预期的观众建立联系。展览，同样遵循这样的过程，将一系列精心挑选的艺术品（或许还涵盖其他相关类型）或新近创作的艺术作品置入一个共享空间（这个空间形式是多样的，可以是房间、场所、出版物、网络或一个应用程序），旨在通过视觉关联的经验累积，展现一种独特的意义集合，这种集合的独特性在于它无法通过其他方式被完全阐释或感知。当然，这种意义可以从非展览性的角度进行解析：艺术批评、艺术历史、文学、哲学、文化、个人化独特视角、意识形态或纲领……这些方式不胜枚举。但展览性的意义确实非常具体，它是在展览空间中被建构和体验的，不论是现实空间还是虚拟（包括记忆）空间。[2]因此，这种意义的解析实际上是将策展语言转译为其他说明性和解释性语言的过程。

由此观之，从广义上讲，当代策展旨在展示个人或集体在当代中的某种经验，即"何为当代""曾是当代"或"可能成为当代"。这为展览中的当代性提供了一个空间和现象学的视野：它是一种话语、认识论和戏剧性空间，各种时间性可能在其中被产生或并存。³ 通过这种解读，让观众在展览环境中体验当代性（如上文提到的广义上理解的"展览"，而"环境"指的是任何适当的语境）相当于在艺术领域中让当代性变得可见，在艺术批评和艺术史书写中则是捕捉当代性并撰写成文本以供发表。假定当代策展人的主要任务是展示艺术的意义，其他所有角色都要服从于此。

尽管这可能让我们接近我所理解的当代艺术批评和艺术史写作的核心意义，但它并没有完全区分出策展思维的独特性。要做到这一点，就需要识别出当代生活对策展所要求的思维方式和情感洞察，这种要求是其他领域所不具备的。那么，当代策展思维究竟是什么？

思考当代艺术

在《艺术公报》（Art Bulletin）中刊登的文章和《什么是当代艺术？》（What is Contemporary Art?）一书中，我提出了一个很重要的论点，即在"策展人的争议"和"策展人主导辩论"这两个标题下，阐述了2000年前后柯克·瓦内多（Kirk Varnedoe）、奥奎·恩维佐和尼古拉·布里奥（Nicolas Bourriaud）所提出的关于当代艺术主流方向的不同观点。⁴他们分别坚持现代主义价值在当代艺术中的延续，全球范围内后殖民主义局面的到来，以及尚在襁褓中发展的"关系美学"（relational aesthetics）这三种不同意见，这些都是我所探讨的对当代艺术的策展洞察力的例子。值得注意的是，这些理念各有不同：现代主义的延续性是关于艺术自主发展的当前特征，即艺术如何在多种非艺术力量的影响下持续发展；后殖民格局是探讨人类历史的整体形态，艺术发展被认为受其影响；而关系美学则是一个艺术领域的术语，指一种新兴的、尚未被完全理解的但颇具吸引力的艺术创作方式，它在一段时间后从众多其他方式中脱颖而出，成为一种具有批判性的描述词语，后被策展人认可，认为策展需要与艺术家密切合作，致力于在展览中以最佳形式呈现他们的意图。

这三位策展人已经意识到，上述的三种趋向在规模、目标和影响力方面截然不同，但都分别需要一种独特的展览制作方式，这些不同的方式可以理解为：扩展白立方体、双年展的去殖民化、画廊空间本土化。综上所述，这些趋向、观点之间的争议，连同从机构批判向批判性制度的持续演变（我将在后文详述）共同塑造了2000年前后的艺术观念，其影响力超过了当时来自艺术批评、历史与理论领域的任何思想，甚至比当时乃至当下仍支撑艺术市场的观念还要重要。

当时，我将这些策展理念视为更广泛的艺术批评，随后便意识到它们也反映了艺术史中的重要思想，我认为这三股强大的潮流趋向贯穿于当代艺术的纷繁复杂与迷人多样之中。上述策展人极具深思的观点，引发我即将简要概述更具广泛性论点的关键要素。这一论点源于20世纪80年代至90年代期间对艺术的认识，与现代时期的艺术相比已显得截然不同，其最重要的差异在于已经呈现出当代性特征。在过去的一个世纪左右的艺术语境中，这两个术语常被交替使用，通常"当代"是默认的第二参照，指向"现代"。然而，最近这两个词的使用频率已近乎持平，且"当代"一词更为流行。[5]我正在反思这是什么样的变化，是虚幻还是真实？是单一还是多样？为什么会发生这种变化？其深度如何？它为何既容易理解又如此陌生？为何与自身如此疏离？它为何能在如此短的时间内形成历史，或者已经拥有了多重历史？在《当代艺术是什么？》和《当代艺术：世界潮流》两本书中，我对这些问题给出了一套综合的论述，每一种论述都指出世界艺术中不同类型的当代性。[6]

简而言之，将这些论点概括如下：20世纪50年代和60年代出现的后现代艺术运动，已经预示了从现代艺术向当代艺术的全球性转变，这种转变在20世纪80年代变得显而易见,并持续至今,塑造了艺术可以想象的未来。这些变化发生在世界各地的每个文化地区和艺术生产地,以不同且独特的方式持续展开,我们应当认可、重视并细致跟踪这些历史,同时也要认识到它们与其他地域的发展趋势、具有主导性的艺术生产中心之间的相互作用。这种多样性已经融入一种"世俗"(worldly,非全球性或国际性)的当代艺术,我认为在其可以辨别出三种趋势。再现现代主义者(Remodernist)、复古感觉主义者(Retro-sensationalist)和奇观主义者(spectacularist)趋于融合成一股潮流,继续在欧美和其他现代艺术世界及市场中占据主导地位,并对这些群体产生了直接的影响。与之相对立的是,根据民族主义、身份认同和批判性优先原则创作的艺术作品应运而生,尤其是带有殖民地文化痕迹的作品。这种类型的作品在国际艺术舞台上如双年展和临展中备受瞩目,这便是跨国界过渡性艺术。第三种趋势无法被归类为某种风格、某个时期或者某种倾向,它在既定的范围之外不断蔓延,归因于全球艺术家数量的大幅增加,以及新的信息和传播技术为数百万用户提供的新机遇。这些变化导致了小规模、互动式、DIY艺术(以及类似的艺术作品)的病毒式传播,这些艺术较少关注高雅艺术风格或对抗性政治,而是更多关注对时间性、地点性、从属关系和情感的试探性探索,这些现象都来自于在这颗脆弱的星球上生活条件日益不确定的当代环境之中。

持续发展的现代主义、后殖民星丛和关系美学作为上述策展人的标志性理念,是对一系列价值观、实践和影响产生的复杂而微妙的策展见解,这些见解在十年或十五年前是具有决定性作用的。作为一名当代艺术史学者,我持续关注的问题是:自2000年以来,我所确定的趋势是如何发展的?它们彼此之间的关系发生了怎样的变化?还出现了哪些其他类型的艺术和类似的艺术实践,它们对这些艺术趋势产生了怎样的影响,或者是否促发了其他趋势的发展?我在教学、公开演讲，以及文章和书籍中阐述我的观点。那些具有创新性的策展人（包括前面提到的，以及丹·卡梅伦（Dan Cameron）、凯瑟琳·大卫（Catherine David）、查尔斯·埃舍（Charles Esche）、侯瀚如、玛丽亚·林德、汉斯·乌尔里希·奥布里斯特等）对这些现象的批判性思考，是建立在对当前艺术状态的敏锐洞察上，并以某种扩展的、延续的展览形式进行呈现。展览形式可以从重新布置常设藏品到各种类型的临展，再到策划活动、激活替代性空间或组织互动性论坛。这种扩展的意义体现在展览最重要的任务中，即塑造观众体验，引导观众经历一场具有开放性的认知之旅，每一次的观看都能引发出新的思考，直至观众理解策展人的意图，并希望能够获得双方以前未曾想到过的新见解。

如果我们可以说，历史学家、批评家或理论家在寻找一种概念化（通常是一种心理意象），将他在分析中使明显不同的元素浓缩成一个可定义的"形状"，即一个经过详细解释后仍然站得住脚的话语意象，那么等效的策展洞察力就可能是将所有考虑中的元素聚集到一个预先可视化的展览中，或者更明确地说，聚集到对观众在这样一场展览中的旅程进行投射性想象，或者对参与者在事件中可能积累的体验进行设想。虽然许多策展人仍设想一个理想的观众观展路径，但其他人更加重视该观众可能会选择多种可能路线，或者可以解释为多个观众的平行移动或协同移动。当然，在规划、搭建的过程中，这些投射性想象会受到可用元素的紧迫性，时间、空间和参与者的限制与潜力的影响而进行调整。如何选择艺术品和其他材料作为将展览打造成一种体验场的方式是同样至关重要的，就像它是为了什么目的、为何具有重大意义一样。

对许多策展人来说，正是在实践的偶然性中所锻造出的展览之必要性，使他们的工作与批评家所需的同理心洞察力，理论家的推测倾向，以及艺术史学家对艺术进行客观研究并产生影响这三者区分开来。

前提是我们暂且不谈批评家、理论家和艺术史学家有着不同但又同样具有挑战性的实践环境，这种区分构想显然不甚理想。在《什么造就了一场伟大的展览？》（What Makes a Great Exhibition?）一文中，保拉·马林科拉（Paula Marincola）指出：实践中的问题强调并肯定了策展概念的价值，即如何通过从反复表现、思考和实践中获得的经验教训进行筛选，或者更准确地说，是基于实践的思考来过滤的。正是在实践中，先验理论和严密推理的理论遇到了经验和偶然性的阻力。各种超出策展人预料之外的因素（包括但不限于预算不足、借出方固执、空间限制、竞争机构要求和优先事项、辅助资源或缺乏辅助资源）都违背了最可贵的想法和初衷。策展的智慧、创造力、即兴创作和灵感是通过有效地参与和调和这些限制来发展和完善的，因为这些限制是大多数展览制作中无法避免的。[7]

　　这里提出的每一点都是绝对正确的。然而，从陈述观点的宏观层面来看，这暗示了策展思想与其所处条件之间的联系。似乎在这些限制下进行"思考和行动"对策展人来说是具有特定性的，然而，马林科拉和其他人所谈论的隐喻性可以转化为阐释的方式，也同样适用于其他门类的文化生产者和诠释者。她引用沃尔特·霍普斯（Walter Hopps）说过的话："与制作博物馆展览最接近的类比就是指挥交响乐团。"[8] 罗伯特·斯托尔在谈到"最终责任"时引用电影导演与展览制作进行类比，在他看来，该过程则更接近于"文学编辑同出版商和作者协商，以获得'最佳'版本所做的工作"。[9] 虽然这些类比都是具有启发性的，但它们本身并没有突显出策展思想的独特性。不过，它们的确有助于指向其中一个基本的特质，无论策展思想是什么，它总是深深地根植于展览实践。与艺术家为了创作作品必须在媒介中进行的思考类似，它属于实践学范畴。

艺术批判思维、策展思维和历史思维三者之间的比较

在《纽约时报》评论家罗伯塔·史密斯（Roberta Smith）对纽约行为艺术双年展的展评《如此之大，行为艺术如今剑走偏锋》（*So Big, Performa Now Misses the Point*）中，批评了罗斯李·哥德堡（RoseLee Goldberg）并没有充分推动那些能够完全体现并同时挑战"视觉艺术表演"边界的观点，而是着力于以某种暧昧或随意的方式模糊戏剧和视觉艺术之间的界限。这就好比一个艺术评论家责备策展人，明确要求他的展览成为关于"什么是表演艺术，以及什么不是表演艺术，或具体而言，什么构成了'视觉艺术表演'这一概念所隐含的一种特定的行为艺术"议题的论述。[10] 这是对策展人和评论家在共同事业中存在缺陷的公正评论吗？还是只是一个例子，说明一位艺术评论家忽略了策展方面的问题呢？

如果我们从历史的角度来看行为艺术双年展项目，我们会发现这是一场关于"何为'视觉艺术表演'"的有趣分歧。自2005年以来，行为艺术双年展一直坚定地追求并扩展着哥德堡对表演艺术在现代先锋主义历史中的核心地位，并试图振兴这一传统且日渐衰弱的地位，并希望通过精心策划的委托作品实现这一目标，因此将行为艺术这一实践范畴与视觉智力（visual intelligence）、生产价值、丰富性和情感包容融合在一起。在某种程度上，呈现出类似希林·内沙特（Shirin Neshat）、艾萨克·朱利安（Isaac Julien）等装置艺术家作品中所显而易见的影像诗学。每届行为艺术双年展都试图通过与其他表演相关的艺术形式进行比较，进而恢复相关历史联系，以此推动对主题和边界的探索。2007年的议题是当代舞蹈与偶发艺术，2009年的议题是建筑与未来主义，2011年的议题是审视戏剧自身，类比那些具有节日特色的实验性活动，都会出现过度、混乱和失控的结果。尽管如此，其中仍然会涌现出一些具有实验性的糅合状态，展现出带有表演性的装置

艺术面貌，我们可以从威廉·肯特里奇（William Kentridge）的作品《我不是我，马也不是我的》(*I am Not Me, the Horse is Not Mine*, 2009)，迈克·凯利（Mike Kelley）和马克·比斯利（Mark Beasley）的作品《超现实中的奇幻世界》(*A Fantastic World Superimposed on Reality*, 2009)，以及拉格纳·基亚尔坦松（Ragnar Kjartansson）的作品《幸福》(*Bliss*, 2011) 中窥见其不断变化的模样。其中，《幸福》作品中持续12小时重复演出莫扎特歌剧《费加罗的婚礼》(*The Marriage of Figaro*) 的最后两分钟的场景。史密斯是否察觉到这个项目在其最成功之处却又触及了初始构想时所设定的限制？或者说艺术评论家是否总要低估表演本身超越自身条件所体现出来的本能？这种戏剧性的成就只有当表演故意追求失败时才可能实现吗？这种基于戏剧表演的形式在晚期现代实验性表演艺术中备受质疑，偏向于中立或自然状态的本能是否已经回归并影响了当代表演性装置艺术呢？

这些案例对试图明晰策展思维的独特性有何启示？从理论上讲，我们可以初步认为，艺术史思维主要关注特定时间和地点创作的艺术作品中的议题、技法和意义，并将这些作品与其时代的社会特性相连接。从艺术史角度出发，意味着通过对比每件作品与其前后作品之间的主要和次要形式、风格和趋势，以不断评估作品的重要性，由此得以把握特定时代的缩影。然后，我们可以再次非常概括地说，艺术批评思维所寻求的是记录批评家在首次看到艺术品时赋予其意义的方式，将这些即时的印象与艺术家迄今为止创作的其他作品进行比较，同时也可与其他有相关性的艺术作品进行比较。如果这种简化的描述是可以接受的，那可以延续展开，关于我们这个时代或其他时代艺术的策展思维，也同样致力于展现艺术史学家和批评家所关注的相同因素，但它与这些因素的关系又有所不同。首先，策展的主旨是促进和增强艺术作品在公众中的关注度，可以通过挑选现有作品进行展览，或委任创作新作品展出，使其首次被不带偏见的观众所见，或者通过作品

威廉·肯特里奇,《我不是我,马也不是我的》,纽约现代艺术博物馆(MoMA)展出现场,2010年

的展示方式让观众以不同的视角来看待这些作品。在这个理想的、假想的模式中,策展过程是基于艺术家亲密圈子对一件新作品的反应,在许多情况下,也包括那些希望将作品推向市场或潜在客户的反应,但策展的过程先于艺术批评的反应、观众的欣赏和艺术史中的定位。

当然,这些实践之间是相互依赖的。从20世纪40年代到60年代,如克莱门特·格林伯格(Clement Greenberg)和哈罗德·罗森伯格(Harold Rosenberg)等评论家的转变可以看出,他们以文学作家身份撰写散文、评论事件和书评,转变为定期为纽约新兴商业画廊举办的展览进行评述,我们也可以认为罗伯特·休斯(Robert Hughes)的艺术写作高峰期是在20世纪70至80年代公共画廊举办的具有代表性的展览中达到的,尤其是在威廉·鲁宾(William Rubin)、沃尔特·霍普斯和亨利·盖尔茨勒(Henry Geldzahler)等策展人组织的展览中所体现出来的。自那时起,活跃的批评家们试图将即时反应置于更宏观、不断发展的框架之中,更多关注双年展和当代艺术的国际化(包括将更广阔的视野与区域性、在地性创作进行对照比较）。许多其他艺术作家满足于成为由拍卖行主导的、艺术市场中所宣传的奇观化的代言人。不幸的是，在今天大部分艺术出版物中，这种写作方式仍然占据主导地位。幸运的是，它正受到各方的挑战：一方面，人们对当代艺术中与历史产生共鸣的日益关注；另一方面，对艺术和视觉创意的兴趣被分散在社交媒体中。虽然批判性思维推动了前者，但在后者中，这种批判性则显得门可罗雀。这对策展人提出了一个有趣的挑战：超越资本所提供的对消费化主体不加批判的即刻反应［斯拉沃热·齐泽克（Slavoj Žižek）正确地将备受推崇的互动性讽刺为"间接性"］，策划出让主体能够发挥与其当代性相适应的体验过程。

在此背景之下，展览是选择性地向观众、艺术的未来和即将到来的世界呈现艺术作品。策展人在这一过程中是至关重要的助力者，虽然不一定参与艺术作品的创作（尽管这种情况越来越常见），但无疑是帮助作品走向公共化，进入艺术行业，并最终接触到日益扩大的艺术受众群体，从而使其在全球范围内传播。与艺术史学家相比，策展人对作品意义的认知会更加谨慎，与艺术评论家相比则又稍逊一筹，但较之后者，策展人能更审慎地指明作品的重要性。他们肯定会强烈感受到作品的意义，尽管还没有完全厘清其界定方式。斯托尔如是形容：

> 一场优秀的展览绝不应是对其主题的盖棺定论。相反，它应该是对所选作品的精心构思和严谨诠释，通过不同的组织、布置方式来推动多种不同角度的观察方式，并有益于对所讨论的艺术作品增加更多阐释的可能性。简而言之，优秀的展览具有明确但并非决定性的观点，它邀请人们进行深入分析和批评，不仅针对艺术本身，还涉及展览策划者在评价过程中所使用的特定权衡与策略。[11]

相比之下，评论家和历史学家寻求的是对作品性质和意义更加明确、有力的表述。策展人则尽一切必要措施使作品能够成为批评和历史评价的对象。他们运用十分类似的技巧和能力，并且被一系列相似的激情和承诺所驱动，从这个角度来看，策展人是评估者，而非裁判。他们也不像艺术史学家那样做编年史。策展人当然也会试图进行评判并声称其重要性，但他们会明确知道自己的提议是暂时的。

这些观点和视角都在强调策展作为一门专业，是一种提供艺术路径、呈现新作品或以新方式展示已知作品的门类。那么，它面向谁？呈现什么？若要使作品能够被欣赏、理解、诠释和产生影响，就应在展示时不急于表达这些内容，并在展场保持谨慎。将阐释隐于"幕后"，作为阅读展览的第二层知识。在展览空间中，策展人的阐释话语始终保持着隐含的状态，它通常会以类似导览手册的形式呈现给观众，作为观众阅读展览时已形成理解认知的补充说明。

尽管这些安排可能有利于展览参观者，但对策展人来说会造成不利影响。正如许多策展人所说，展览的筹备工作受到两个截止日期的限制：展览图录送交印厂的时间和开幕之夜。这两个日期之间可能会相隔数月。这样的日程安排剥夺了策展人从展览本身学习的机会，也剥夺了策展人与参观者分享这些知识的机会。无论策展人对即将展出的作品了解得多么透彻，无论展览模式多么具有创新性，也无论他们的经验多么丰富，在编写展览图录时策展人只能陈述展览的主题概念，很难加入展览呈现过程的全面感想。实际上，大多数策展人在撰写文本时似乎忽略了这种时间差的存在。而对一些人来说，这正是导致他们的文本普遍趋于保守的根本原因。令人感到不可思议的是，至今还没有形成一个被广泛接受的解决此问题的方法。[12]

在这种策展模式中，墙上的文字扮演着什么角色？现代主义对艺术品自主性的理念，表现主义关于本能且无中介的共鸣理论，以及策展人通常不愿将自己置于艺术作品与观者的直接体验之间，以上讨论导致了这样的面貌：几十年来展览只有最简洁的标题，且只是描述性的标题，而展厅内除了墙上显示艺术家姓名、作品标题、制作日期和媒介信息（往往是9号字）的展签之外，再无其他内容。随着近年来观众数量的激增，其中包含了大多对艺术并不熟悉的观众，以及即使是知识渊博的观者也不熟悉的艺术作品变得越来越多，因此，在展览中提供信息则至关重要。即使参展艺术家或艺术家团体的作品已广为人知，大多数展览在开幕式中也会阐述策展主旨、介绍展览内容。如果我们认定策展人是展览的创意生产者，那么假装不存在就是一种欺骗。

因此，这引出了一个问题，即几乎所有引言性的文字中都在使用第二人称，这个问题只能具体展览具体分析、具体解决。一般来说，精确地将综述导言、板块阐述、作品介绍、结语及附带反思性的文字内容呈现出来，使其符合观展体验的多层次需求，往往是一种艰巨挑战。现在，这些信息传递逐渐交给租借而来的音频设备，设备中也会有策展人、馆长或藏家讲述的内容。此外，这些信息还出现在观众手机所安装的App中，在很大程度上影响了观众对展览作品的直接理解。正如观众期望在展览中听到不同的声音，文化消费中的分歧（地域差异和阶层差异）将会减少。依此，策展人的角色将更加多样化，策展人的声音也会在更广阔的维度上播散开来。

对于艺术批评家和艺术史学家来说，面临的情况也是如此。到目前为止，我一直从事写作工作，就好像艺术行业的所有从业者都有基本的、核心的、持续的任务。这些任务虽然相互密切依存，但在每种情况下都有其独特之处。我主要关注于策展人、批评家和史学家，但类似的评论也可以应用到艺术家、画廊主、经纪人、收藏家、拍卖师、博物馆馆长、艺术管理者等角色上。我们面临的挑战是确定每一项任务中什么是持续的，什么是当代的。换言之，要思考在从现代艺术到当代艺术的转变中，哪些保持不变，哪些发生了变化。鉴于展览场馆正逐渐向更具实验性、开放性、虚拟性和临时性的形式发展，以及来自各个领域的从业者不断甚至加速的角色转换，我们就应知道，试图为每个从业者标识其核心关注点和独特技能时，注定会在标识的瞬间就已变得过时。然而，上述识别"变与不变"的任务又确实存在，并且我们必须对其有清醒的认识，才能在提出以下问题时找到答案：某一变化，尽管看起来如何不可避免，但真的是向好的方面变化吗？

展览的语法

斯托尔试图描述策展／展览制作的"基本原则"时，概括如下：

"现在谈谈基本原则。解释一位艺术家作品的主要方式是让作品自我揭示。展示即讲述。空间是用视觉来表达思想的媒介。布展既是呈现也是评论，既是记录也是诠释。展厅就像段落，展墙与楼层的形式划分就像句子，作品的组合就像从句，而单个作品则在不同程度上起着名词、动词、形容词、副词的作用，有时根据不同语境同时承担起多种功能。"[13]

他没有进一步阐述这个比喻。最近一期的《宣言》（*Manifesta Journal*）期刊[14]试图通过专门探讨"展览的语法"来继续深挖。该刊不仅提供了关于展览制作底层结构的各种观点，还提出了与"是否存在一种近似语法的规则"完全对立的观点。定义语法的工作，主要在于辨别是否存在一套规则（句法），可以对原始材料（艺术实践，或可能涉及构思主体的元素和灵感碎片）进行操作，以构建展览的语言（类似于书面或口头语言）。当然，对于策展而言，这些操作的每个语素都是空间性的（预设一个假定的环境，无论是物理的、心理的、想象的还是情感的），接着是时间性的（假定在环境中发生着自反性的运动）。因此，每个展览都将是一系列言语行为的组合，也就是比喻中所描述的"对话场景"。更准确的比喻是唤起"展览的语义"，即展览如何通过其各个部分之间的关系来产生意义。这也就省去了维持展览和语言

左:"Reactions"展览现场,"出口艺术"空间,纽约,2002年,策展人:珍妮特·英伯曼和帕波·科洛

右:玛丽亚·林德在2011年3月12日的专题讨论会"扩展基础设施,第一部分:平台与网络"上发言。该讨论会属于"当下的博物馆"会议的一部分,于2011年3月10日至13日举行,由纽约市立大学研究生中心艺术史博士项目、国际独立策展人协会和纽约新艺术博物馆联合举办

之间隐喻关系的阐述,毕竟几乎没人深入探讨这一点。从这个角度来看,这一期杂志中最有价值的文章是玛丽·安妮·斯坦尼斯泽夫斯基(Mary Anne Staniszewski)对珍妮特·英伯曼(Jeanette Ingberman)和帕波·科洛(Papo Colo)自20世纪80年代初以来在"出口艺术"空间(Exit Art)举办展览的策展思路的阐述。

以这种方式[正如哲学家和批评家彼得·奥斯本(Peter Osborne)在同一期《宣言》中反对这一理念时所描述的那样]表达时,我们摆脱了大多数对语法等系统结构的呼吁中隐含的规则形式主义倾向,转而走向更接近玛丽亚·林德最初设想的批判性策展倾向。

那么,是否存在我们可以称之为"策展性"的东西?在或受雇的、或独立的、或作为艺术家、或作为艺术史论家被训练的策展人的活动中,是否有一种策展性的体现?显然,策展远不止制作展览那么简单,它涉及新作品的委托、机构外的运作,以及传统上被称为项目策划和教育的部分。但是,我们能否把"扩展领域的策展"(curating in the expanded field),即将容纳了批评、编辑、教育和筹资的多维度角色也说成"策展性"？[15]

这里提到了策展人实践环境的变化，但这不过是将一些迄今为止被视为辅助、供给、教育或宣传的活动归为策展范畴，这些活动是否由策展人承担，这取决于时间、意愿和他人是否愿意承担。林德在肯定了特定场地的实践、情境敏感的艺术和机构批判的启发后，强调了有意识地"策展"这些活动的重要性，以将"物品、图像、过程、人、地点、历史和话语像一种活跃的催化剂一样在物理空间中连接起来，产生扭转、变化和张力"。这种描述或许适用于像丹佛当代艺术博物馆的"混合品味"[16]系列这样的大众化项目，但林德考虑的是更严肃的内容：

策展并非仅仅是策展人个人劳动的成果，而是由多方合作、交织而成的结果。最终的呈现应有如使水面泛起涟漪的效果，在特定环境下以多层次的方式做出回应。"策展性"并非单纯的再现，也包含了新的面貌：它在此时此地切实执行某件事，而不仅仅是映射彼时彼地所发生的事件。[17]

这里提出了策展思维与艺术史思维之间的区别，前者强调更紧密地接近艺术创造力，或许也寻求接近参与式公众教育。她所提的概念中的批判性在最近的表述中更为明显：

"我所指的是一种超越策展的实践。在我看来，策展只是将艺术以多样形式公开展示于公众的技术手段。'策展'在策划展览、组织委托项目、编排放映活动等方面属于'常规业务'。而'策展性'更进一步暗示了一种以艺术为出发点的方法论，将艺术置于特定的语境、时间和问题之中，以挑战现状。这可以通过多种身份角色的立场来实现，例如策展人、编辑、教育者、传播人员等。因此，策展性可以由艺术生态系统中担任不同职务的人来使用或执行。对我来说，策展与策展性之间存在本质的区别,后者就像尚塔尔·穆夫(Chantal Mouffe)关于'政治'和'政治性'的观念一样,蕴含着变革的潜力。"[18]

伊莉特·罗戈夫(Irit Rogoff)提供了一种更具解构性的说法,坚定地超越了其首先承认的对艺术世界中的角色进行"松绑"的想法:

"在某种意义上,'策展性'是一种思维,而且是一种批判性思维,并不急于证实或具象化,而是让我们一致思考问题,直到它们指引我们走向我们可能无法预见的方向……转向'策展性',则为我们提供了'松绑'的机会,使其摆脱那些限制,探索未知事物,或尚未成为世界主流的种种范畴和实践。"[19]

这些表述在策展业内已获得了一定的认可,这是合理的,因为它们捕捉了艺术实践、艺术机构,以及身在其中的、与之相关的、处在

伊莉特·罗戈夫在2010年4月29日的专题讨论会上发言,主题是"从论述实践到教学转向"(From Discursive Practices to the Pedagogical Turn)。该讨论会是2010年4月29日至30日由伦敦蛇形画廊(Serpentine Gallery)和海沃德画廊/南岸中心(Hayward Gallery/Southbank Centre)联合举办的"反学校社会"会议的一部分

变动条件中的人们所共同发生的巨大转变。

如罗戈夫所提议的那样，持续关注这些问题，并将它们推向极致，将会如何？也许，这会让我们更准确地定义当下所需的策展洞察力。这正是我在这些文章中尝试做的事情。我认为，这也正是若昂·里巴斯在他的文章《如何处理当代性？》[20]中所追求的目标。他警惕于构成我所描述的当代性的各种存在方式，最终，他和许多人一样，得出了乔治奥·阿甘本（Giorgio Agamben）（以及齐泽克，最早可追溯到尼采）的悖论：最具有当代性的人就是与其时代最脱节的人。[21] 里巴斯的建议是从警惕其阴暗面的角度出发，来"归档"这种当代性。对我而言，阿甘本的悖论既体现了对这些问题最前沿思考的深刻之处，也揭示了其局限性。

以下是此类思考的另一个近期例证：

在过去五年的艺术对话中，"当代性"一直是一个令人困惑的热门话题，这似乎是一个不言自明的描述，但迄今为止，这一描述主要是逆向运作的。换句话说，在与周围世界建立实际的推导关系之前，它就已经作为一个有意义的名词和探究的主题被提出来了。人们似乎希望，这一术语本身能够梳理出一些关于当今艺术创作及其接受条件的普遍理解。然而，尽管这看似不可能，但动机很容易理解：艺术家、艺术史学家、策展人和批评家都希望在当今的艺术中找到明确的历史轨迹，但其又并非显而易见；取而代之的是一种令人迷惑的、无时代感氛围的弥漫。实际上，在一个高度扩展的艺术体系中，对"新"的投机性痴迷使得艺术的边界变得模糊，这种情况下对历史先例或区分的要求也更加迫切。如果"当代性"在此能具有实质意义，可能就是哲学家阿甘本赋予该术语的"脱节性"：当某样事物以断层离散的方式占据了时间时，它就是当代的，总是显得"过早"或"过晚"，或更准确地说，以当今的艺术而言，它似乎包含了自身的时代错位的种子。"[22]

上面这段话是蒂姆·格里芬（Tim Griffin）对2011年威尼斯双年展评论的开篇文字，随后他将中央馆策展人比斯·库里格展现出"平静"的状态与弗朗切斯科·博纳米（Francesco Bonami）在2003年展现出"紧迫性"的状态进行对比："博纳米在展览中呈现出的不稳定的迹象如今已经变为普遍现象。和当今许多艺术表达一样，每件作品可能都反映了当前的文化时刻，但我们要问，这种反思是否足够，或是否还需要做一些其他的工作。"[23]

我认为，追问"其他工作"比回到阿甘本的悖论更具挑战性。阿甘本的悖论只是唤起了知识分子对当代状况的情感体验，这种体验无论多么富有诗意且准确，都无法涵盖当今社会中其他形式的世界构建与解构。然而，这位哲学家对于世界状况的看法是正确的，因为这种状况已经向世界（欧洲和美国的）知识分子提出了挑战。[24]

格里芬的问题不仅是针对艺术家的，也是提给策展人的，否则策展就仅仅成为对"时代"的"映射"，更准确地说，是提供透视时代的明镜。这并不是当代性策展的真正含义。

里巴斯注意到许多艺术家致力于追踪"存于当下的过去形态"，以及一些近期的展览，如汉堡艺术协会的"形式主义"（Formalismus, 2004）、意大利忠利基金会的"作为废墟的现代主义"（Modernism as a Ruin, 2009）和巴塞罗那当代艺术博物馆的"现代学"（Modernologies, 2009），可以看作"持续记录当代的过程"[25]。他认为这些艺术家和哲学家（如阿甘本）向策展人发出了挑战："策展的根本必要性是将自己置于那些仍被黑暗笼罩、未经理论化或未被体验的当代性之中。"[26]该观点让我们更接近在当代条件下推动策展思维的关键驱动力之一，其魄力彰显了当下所需的态度。然而，格里芬的评论提醒我们，虽然黑暗必然是这种深刻思想的必要组成部分，但它既不是唯一的部分，也不是终点。

以上内容是对当前策展讨论背后的一些关键思想的简短回顾，展现了策展话语的活力，与艺术实践的密切联系，以及对当代生活变化的积极探索。由此可见，在当代环境中策展人的角色定位正在发生转变，所依托的基础正在发生变化，这一事实在话语中有所体现，但仍不甚明了。我们需要进一步探究这片黑暗，看看其中能闪烁出怎样的光芒。

1 Terry Smith, "The State of Art History: Contemporary Art," *Art Bulletin* 112, no. 4 (December 2010): 380.

2 瓦尔特·本雅明（Walter Benjamin）在《机械复制时代的艺术作品》一文中为所有艺术品赋予了比"展览价值"更具体的含义，所有艺术作品作为艺术展示时与仪式环境中的崇拜物有所区别。自 20 世纪初以来这些作品已被广泛复制、传播，尤其是通过摄影和影像作为图像再现的形式。详见 "The Work of Art in the Age of Its Technical Reproducibility," in Walter Benjamin, *The Work of Art in the Age of Its Technical Reproducibility and Other Writings on Media*, ed. Michael W. Jennings, Brigid Doherty, and Thomas Y. Levin (New Haven: Harvard University Press, 2008), 25ff.

3 这一表述受到若昂·里巴斯评论的启发，他在此背景下提及勒·柯布西耶（Le Corbusier）于 1939 年设计的无限增长博物馆（Museum of Unlimited Growth），这是一个灵感来源于海螺螺旋形状的迷宫式结构。这一概念近期实现的案例是 SAANA 建筑事务所在日本金泽设计的 21 世纪美术馆。

4 Terry Smith, *What is Contemporary Art?* (Chicago: University of Chicago Press, 2009), 259–64. 关于这些观点的阐述具体参见 Kirk Varnedoe, *Modern Contemporary:Art at MOMA since 1980* (New York:Museum of Modern Art, 2000); Okwui Enwezor, "The Postcolonial Constellation," in Nancy Condee, Okwui Enwezor, and Terry Smith, eds., *Antinomies of Art and Culture: Modernity, Postmodernity, and Contemporaneity* (Durham, N.C.: Duke University Press, 2008), 207–34; and Nicolas Bourriaud, *Relational Aesthetics* (1998; Dijon: Les Presses du Réel, 2002).

5 在 2000 年左右，www.worldcat.org 网站和其他数据库的搜索显示，"当代"一词在某些时期的使用率显得较为突出，但并未占据优先使用的位置，这在 20 世纪 20 年代的欧洲和 20 世纪 60 年代的全球范围内皆是如此。近期，若昂·里巴斯在 Google Books 中对自 1900 年以来书籍中出现"现代艺术"和"当代艺术"两个术语的数量进行 Google Ngram 搜索，结果显示近几十年来这两个词在出现频率上趋于接近。

6 Terry Smith, *Contemporary Art:World Currents* (London: Laurence King; Upper Saddle River, N.J.: Pearson/Prentice-Hall, 2011).

7 Paula Marincola, ed., *What Makes a Great Exhibition?* (Philadelphia: Philadelphia Exhibitions Initiative, 2006), 10. 另一本有用的文集为 Helen Kouris and Steven Rand, eds., *Cautionary Tales: Critical Curating* (New York: Apexart, 2007).

8 Paula Marincola, "A List of Questions Leading to More Questions and Some Answers," insert in *What Makes a Great Exhibition?* 还可参阅 David Levi-Strauss, "The Bias of the World: Curating After Szeemann and Hopps," *Brooklyn Rail*, December 2006–January 2007, http:/brooklynrail.org/2006/12/art/.

9 Robert Storr, "Show and Tell," in Marincola, *What Makes a Great Exhibition?*, 14.

10 Roberta Smith, "So Big, Performa Now Misses the Point," *New York Times*, November 26, 2011, C1 and C11.

11 Storr, "Show and Tell," 20.

12 观众对艺术展览的反馈，记录如此之少令人失望。策展人经常谈论这个问题，将其视为他们职业的"圣杯"，但实际上除了整理新闻报道和拍摄照片外，他们并没有做太多深入细致的调查。这项工作通常留给教育和媒体部门。观众参与似乎只是一种概念性，并未在实际执行中体现出真正的价值。策展人的兴奋点似乎还停留在策展构思和展场布置中。如同一些建筑师的喜好一样，在建筑竣工后、用户进驻前进行拍摄照片，两者不尽相同。对于策展人来说，这一行为可能就是室内装置艺术品泛化的照片集合，其中最重要的信息价值在于记录每件艺术品挂在哪个位置。目前还没有发明出能够实际体验游览展厅的增强现实的技术，最贴合这一设想的就是各画廊提供的虚拟游览服务，以及城市中提供的虚拟在线游览服务（这些服务往往生命周期较短）。Google Art Project 和 Vernissage TV 尝试向公众开放不同方式的线上展览内容，但与实际体验相比仍然相当有限。我的文字编辑认为，电子出版可能会创造出一个可以解决这个问题的"空间"，也许当更多的社会关系都变成电子关系时（包括举办视觉艺术展览）情况会发生改变，届时主要涉及图像交换，物像则被当作全息幽灵般地被记录。

13 Storr "Show and Tell", 23.
14 "The Grammar of the Exhibition," *Manifesta Journal*, no. 7 (2009/10).
15 Maria Lind, "The Curatorial," *Artforum* 68, no. 2 (October 2009): 103. Reprinted in Brian Kuan Wood, ed., *Selected Maria Lind Writing* (Berlin: Sternberg Press, 2010), 63.
16 见 Carol Kino, "Puppies, Paintings, and Philosophers," *New York Times*, March 4, 2012, AR23.
17 Lind, "The Curatorial," 65.
18 Lind, in Jens Hoffmann and Maria Lind, "To Show or Not to Show," *Mousse Magazine*, no. 31 (November 2011), http://www.moussemagazine.it/articolo.mm?id=759#top.
19 Irit Rogoff, "Smuggling: An Embodied Criticality," http://eipcp.net/transversal/0806/rogoff1/en. 这与她对"转向"和"当代性"的描述非常接近。见"Turning," *e-flux journal* 0 (November 2008), http://www.e-flux.com/journal/turning/.
20 João Ribas, "What to Do With the Contemporary?," 3/10, *Ten Fundamental Questions of Curating*, ed. Jens Hoffmann (Milan: Contrappunto S.R.L., 2011). 埃莱娜·菲利波维奇（Elena Filipovic）在其出色的文稿中提出了许多精确的表述，这些表述与本注释所采用的方法大同小异。见"What is an Exhibition?," 6/10, *Ten Fundamental Questions of Curating*, ed. Jens Hoffmann (Milan: Contrappunto S.R.L., 2011).
21 Giorgio Agamben, "What is the Contemporary?," in *"What is an Apparatus?"and Other Essays* (Stanford, Calif.: Stanford University Press, 2009), 39–54.
22 Tim Griffin, "Out of Time," *Artforum* 50, no. 1 (September 2011): 288–89.
23 同上，第 289 页。
24 Giorgio Agamben, "Notes on Politics," in *Means Without Ends* (Minneapolis: University of Minnesota Press, 2000), 109.
25 Ribas, "What to Do With the Contemporary?," 90.
26 同上，第 91 页。

·2·
展览综合体的转变

我们能否突破在传统专用空间展示艺术作品这种固有且保守的方式呢?

保拉·马林科拉
《什么造就了一场伟大的展览?》,2006 年

展览场地是当今艺术策展实践中最为显著的基础设施元素。我们可以将它们视为一种空间谱系或阵列，这个谱系从最为传统（在此意指存在时间最长）的场地延伸至最新的场地，从那些深植于地标和地点的场地到那些预设为流动和瞬时的场地。一方面，纽约大都会艺术博物馆，它是大型博物馆中的母舰，与伦敦大英博物馆、巴黎卢浮宫等少数同类博物馆一样，近年来将当代艺术作品纳入其收藏宝库，并任命了一位专注于20世纪和21世纪艺术的专业策展人希娜·瓦格斯塔夫（Sheena Wagstaff，来自泰特现代美术馆），同时，调整藏品陈列室的布局，以凸显部分藏品创作时的当代背景，并在适当的时候宣扬那些已经取得美学巅峰成就的文化成果所具有的持续生命力。我们可以把专注于某位艺术家作品的展览馆视为另一个方面，甚至像纽约艺术家协会那样，每次只缓慢地轮换展出一件艺术品的展览计划。然而，真正与之形成鲜明对比的，并非同类事物的集中呈现，而是大量开放式策展项目的涌现，这些项目有长期也有短期的，它们试图从规模小但富有创意，同时又受到一定限制的社区日常生活中汲取灵感并开展策展工作。2000年至2005年间，由三位女艺术家组成的团体"房间项目"（Oda Projesi），在她们伊斯坦布尔加拉塔区的公寓和建筑庭院里举办了三十场社区艺术项目，此后她们更多是以移动和虚拟的形式继续在柏林克罗伊茨贝格区开展项目。自2003年起，在缅甸仰光，由两位艺术家许杰（Jay Koh）和楚原（Chu Yuan）创立的"文化艺术的网络与倡议"（NICA），为缅甸艺术家提供了各种在地可能性和国际交流

纽约大都会艺术博物馆带有横幅的立面,主入口和台阶,2006年

房间项目团体,由居内斯·萨瓦斯(Gunes Savas)、塞西尔·耶瑟尔(Secil Yersel)和埃尔登·科索沃(Erden Kosova)组成,2005年10月

乔恩·鲁宾（Jon Rubin）和道恩·韦莱斯基（Dawn Weleski）的"冲突厨房"，位于宾夕法尼亚州的匹兹堡，自2010年至今

联络，并衍生出其他独立艺术空间。与此同时，在匹兹堡的东自由区，"华夫饼店"（the Waffle Shop）已经成为一处别具一格的社区地标。这是一个由卡内基梅隆大学相关艺术家构思并运营的，集社区建筑、意识提升场所、表演空间、电视演播室和博客网站等多功能于一身的综合场所，同时还提供全套可食用华夫饼菜单。此外，该团队还推出了一个相关项目外卖餐厅"冲突厨房"（Conflict Kitchen），它只出售来自与美国有冲突的国家的食品，通过味蕾的探索，引发人们对国际关系与文化差异的深度思考。[1]

　　有哪些展览场所可以填补这两端之间的空白？从在多数大都市中占据文化地位的艺术博物馆开始历数，我们很快将目光转向种类繁多的更专业的收藏场馆——历史博物馆、国家收藏博物馆、地缘政治或文明博物馆、城市博物馆、大学美术馆、艺术学校美术馆、私人收藏博物馆、现代艺术博物馆、艺术家个人博物馆、当代艺术博物馆、单一媒介博物馆，以及专门用于大型委托装置作品的空间。

除此之外，在文化服务设施完善的城市中，还有各种不以收藏为基础，而主要致力于举办不断更新展览的场所：艺术馆、替代空间、艺术家运营的活动空间、卫星空间，以及艺术基金会的展览场地（其中一些基金会拥有收藏）。最后，我们参观了各种把展览作为其研究、出版和教育活动一部分的机构，也关注一些临时性和线上的展览平台。对于这些机构和许多新兴的准机构而言，焦点已从基础的实体场地和现场连续性，转移到更注重事件和视觉形象上，而非地点和持续时间上。这些场所或机构各有特点和目的，且往往是对现有机构的不足做出的回应。同时，思想、展品和人之间的流动一直都在它们之间进行。如今这种交流变得十分频繁与密集。

除这份长且令人印象深刻的清单外（有多少其他艺术形式能以如此频繁、如此多样的方式衍生出新的基础设施？），我们还应该增添商业画廊、收藏家博物馆和艺术博览会中对面向公众开展"具有艺术史意义"的展览感兴趣的那些场所。鉴于看似永无止境的繁荣（至少在市场的顶端），尤其是当代艺术市场，并没有取代他们的商业趋向，而且也不太可能取代。与大多数公共博物馆相比，高古轩画廊（Gagosian Galleries）的运营成本更低，财力更雄厚。因此它已经开始为皮耶罗·曼佐尼（Piero Manzoni）、草间弥生（Yayoi Kasuma）、巴勃罗·毕加索（Pablo Picasso）和卢西奥·丰塔纳（Lucio Fontana）等艺术家举办"博物馆级别"的展览。在这些由画廊内部策展人策划的展览中，有时会加入一些从博物馆无偿或有偿借来的非卖品，与展出待售的作品一起展出。梅拉和唐·鲁贝尔（Mera and Don Rubell）在他们迈阿密的收藏馆定期举办以他们的藏品为主题的展览：自2000年以来，他们一直关注洛杉矶的年轻艺术家，以推动这座城市重新成为艺术中心。某些私人收藏家一直都明白，他们可以轻易地通过自身的关注度来影响艺术本体的发展，而不仅仅是市场的走向：查尔斯·萨奇（Charles Saatchi）是近期最臭名昭著的收藏家成为博物馆馆长的例子。这样的先例不胜枚举，可以追溯到17世纪由一些意大利红衣主教和德国王公召集并邀请特定观众群体参观的第一批大规模私人收藏展。更接近我们这个时代且十分具有影响力的，是那些仍然以原始收藏家的价值观为导向的公共博物馆，例如在休斯敦的梅尼尔收藏馆（Menil Collection）和附属的罗斯科教堂（Rothko Chapel），它们的策展工作致力于通过持续的策划来促进"艺术、精神、人权"之间的关系，这也是创始人约翰·德梅尼尔（John de Menil）和多米尼克·德梅尼尔（Dominique de Menil）所珍视的理念。

一些收藏家开始意识到，他们不仅可以成为博物馆馆长和策展人，还可以成为艺术家。多伦多基金会主任伊德萨·亨德尔斯（Ydessa Hendeles）策划的展览旨在通过在她为此而收藏的艺术品之间建立"新的隐喻联系"，创造"一种无法用言语形容的体验"[2]。

自2001年以来，她一直投身于《伙伴（泰迪熊计划）》[*Partners (The Tedy Bear Project)*]，该项目收集了大量包含泰迪熊的现成照片，这些照片来自1900年至1940年之间汇编的家庭相册。在慕尼黑艺术之家（Haus der Kunst, 2003）和光州双年展（Gwangju Biennale, 2010）展出的版本中，多层的中央房间里摆满了数以千计的此类图像。在布置呈现上，展览的最开始是一些较小的展厅，里面展示了一系列本土艺术品，包括20世纪50年代的米妮老鼠玩偶和一些艺术品，例如黛安·阿勃丝（Diane Arbus）1945年拍摄的一幅自画像。随后的展厅有一件作品需要观众从后面靠近观赏：莫瑞吉奥·卡特兰（Maurizio Cattelan）的作品《他》（*Him*, 2001），一个跪在地上祈祷的儿童大小的人像，却有着成年阿道夫·希特勒（Adolf Hitler）的明显样貌。在这个装置中，卡特兰典型的视觉双关语突然产生了多重且暗黑的明确意义。[3]

2011年，亨德尔斯受邀在画廊主安德烈亚·罗森（Andrea Rosen）

伊德萨·亨德尔斯,《伙伴(泰迪熊计划)》,2002年。展览现场,慕尼黑艺术之家,2003年11月7日至2004年2月1日

位于切尔西的画廊策划一场展览。唯一的要求是她至少要展出一张沃克·埃文斯(Walker Evans)在生命最后一年(1973—1974年)拍摄的宝丽来照片,并且画廊有权出售这些照片。最终,在2011年12月至2012年2月期间举办的展览"婚礼(沃克·埃文斯宝丽来项目)"[The Wedding (The Walker Evans Polaroid Project)]应运而生。该展览的副标题是"伊德萨·亨德尔斯的策展构思",她使用了自己收藏中的部分作品,并从博物馆和画廊那里借来其他作品:最终呈现的作品包括83张埃文斯宝丽来照片,其中一些就来自大都会艺术博物馆。罗森画廊的布局是由一个狭窄的入口延伸至一个宽敞的中央大厅,中央空间顶部有一扇令人印象深刻的天窗,该天窗安装在木框上并由钢梁支撑。亨德尔斯通过选择一系列亲和力较强的作品,巧妙地协调了这种气势宏伟的环境与朴素的宝丽来照片之间的情感关联。

步入展览的第一个空间,首先迎接参观者的是法国19世纪的制桶匠作坊模型，它被放置在古斯塔夫·斯蒂克利（Gustav Stickley）于1904年左右制作的儿童桌上。中央空间的中心是一个1875年在英国用红木和铁丝制作的巨大鸟舍，鸟舍周围排列着斯蒂克利设计制作的长凳状木制儿童椅。宝丽来照片排列在每一面墙壁上，它们柔和的灰色、蓝色和绿色无声地见证着埃文斯所记录的建筑物或建筑细节。仿造建筑与不存在的建筑复制品形成鲜明对比，并在二者之间留下了情感鸿沟。

这一鸿沟尽管难以捉摸，但仍然被动态且富有生命力的生物图像所填补。主展厅的四对图像是罗尼·霍恩在1998年至2007年间拍摄的《鸟》（Bird）系列作品的特写，这些图片展示了鸟类背面的特写，它们收拢折叠的翅膀没有透露任何身份特征，只能看出它们是独特而又异常美丽的生物。我们现在明白了为什么第一个房间里有两张照片：埃德沃德·迈布里奇（Eadweard Muybridge）1887年拍摄的秃鹫奔跑飞行的姿态，以及欧仁·阿杰特（Eugène Atget）1900年左右拍摄的在巴

伊德萨·亨德尔斯与罗尼·霍恩（Roni Horn）的"婚礼（沃克·埃文斯宝丽来项目）"。展览现场，安德烈亚·罗森画廊，纽约，2011年12月10日至2012年2月4日

黎波旁河岸（Quai Bourbon）的一家老精品店的店面照片，照片中店面门口我们瞥见一个年轻女孩模糊的影子。是她想象出了这些空间吗？难道我们正在被邀请进入的是她记忆中的房子和梦幻世界吗？

在设计得有点像儿童笔记本的说明手册中，亨德尔斯非常清晰地介绍了她的创作过程：

"在我的创作实践中，我的方法是针对特定场地进行在地性创作，将每场展览都作为特定展览空间的艺术诠释来构思和执行。我从展览空间的语境入手，寻找与之建立关系的方式，通过层层隐喻的联系来创作表达。我运用艺术化的创作流程，构建起与空间紧密呼应的策展架构，将不同元素、不同话语、不同领域的叙述交织在一起。这些元素也许在艺术史上毫无关联，但我视它们为策展叙事中不可替代的核心组件，即便是来自同一创作体系，彼此之间亦无法相互置换。"[4]

很难想象还有比这更清晰的表述能展现当代艺术创作冲动与策展实践之间的融合，以及二者所面临的共同限制。从概念主义到极简主义以来的每一个关键的艺术理念都被融合成一种无缝衔接的、纯粹的、类似于J.K.罗琳笔下的"策展创作"。这一表述出自一位认为艺术创作与策展实践之间本是没有界限的收藏家之口，这正是我们这个时代的典型特征。因此，亨德尔斯的项目比其他大多数模式更能激发年轻策展人的兴趣，这便不足为奇了。

展览综合体

这种如逃脱大师胡迪尼般（Houdini-like）灵活的跨领域角色身份转换与"展览综合体"这一概念有何关联？这一概念正如贝内特（Bennett）所描述的、洛伦特（Lorente）将其历史化的、邓肯

（Duncan）和瓦拉赫（Wallach）进行理论化的那样，展览综合体支撑起了现代艺术的发展，将其与现代化的城市联系起来，激发了先锋派的诞生，更在随后数十年间持续滋养着现代主义的发展。[5]这些学者指出，该体系的雏形源于1818年巴黎卢森堡宫的一项变革：在原有永久藏品常设展的基础上增设了年度新作展。这一制度对欧洲及其文化殖民地的影响尤为深远。在世艺术家的入选者由学院成员选出，该学院是一个由艺术家领导的专业组织，早期由皇室资助，后来由国家赞助运营。被认为值得进入国家收藏的作品在艺术家去世十年后被转交给卢浮宫博物馆，而其他作品则被转交给省级博物馆收藏，或作为遗产归还给艺术家的后人。当时的艺术家们通过参加年度展览或直接从自己的工作室出售作品。到18世纪中叶，英国已经成立了许多独立的拍卖行，商业画廊于19世纪90年代开始在整个欧洲兴起。这种看似竞争激烈实则以合作为主的艺术生态系统，正是我们如今所继承的博物馆与画廊网络的核心。自该系统诞生之初，角色转换便成为其内在特征，尤其是随着现代化进程在全球各大城市纷纷复制该体系的时候。随着新的艺术品分销中心的建立，这种情况仍在持续发生，21世纪初的中国就是一个明显的例子，中东的阿拉伯国家是新近的例子。

然而，这一体系正在发生变化，我们不禁要问为什么会发生这样的变化并且怎样才能变得更好？如果说19世纪初的法国艺术家面临的问题是如何有效地传播他们的作品，当年他们通过改变制度、宣传策略、展示方式来解决这个问题，而如今中东地区的艺术家在当地艺术圈中处于边缘地位，他们主要致力于将来自世界各地的作品出售给本地的目标买家，并为大型房地产项目提供艺术品服务。在历史更悠久的艺术中心，策展人面临的问题则截然不同。在策展实践过程中，如果筛选、收藏和体现展览完整性的综合能力不能够灵活转变，那部分艺术机构会更倾向于优先考虑自我延续、减缓变革和按部就班。诸如林德所称之为"策展"的一系列实践，是否是新兴的、更具创新性的和更具批判性的替代方案的新模式？或者说它们是对一种完全有能力产生自身变革的结构性新补充？

面对这一局面，第三个关键要素也融入其中：反复举办的大型展览或双年展，如今，这种模式已如此广泛普遍，以至于其本身已成为一种机构形式。我们可以从逻辑上将其置于具体机构（如博物馆）和补充机构（如艺术馆和在线平台）之间。事实上，双年展已发展成形式多样的展示活动，偶尔但定期地在主办城市的各种展览场所展出，占据每个场所并使其变得与平时不同，同时将它们连接起来，在展览期间营造一种全新的面貌。因此，双年展可以被视为一种结构性展览——它们已成为当代艺术展览的范式。自1972年至1979年间在英国、欧洲、日本和美国巡回展出的"图坦卡蒙的宝藏"（Treasures of Tutankhamun）吸引了数百万观众前来参观，自此之后，大型展览已成为博物馆的常规项目，以至于它们也可被视为上述所说的结构性展览。大型博物馆似乎正在将大型展览纳入其中：它们变得如此庞大，展览的内部结构如此多样，如此充满吸引力，游人如织，以至于我们可能会把这些机构本身视为大型博物馆。

因此，在画廊模式下可以视为将展览的注意力集中在三个领域：机构、替代（或补充）和链接。这些也是其推动在地性文化表征研究所采取的形式。同时，正如我们所展示的，每种类型的场所和多样化的展览形式都有一种持续不断的推动力，即模仿其他展览形式的核心做法，吸收一些赋能能量（就机构而言），用以前无法想象的活动来对抗它们（就替代而言），并体现两者的投射版本（就双年展而言）。停滞总是被变化所削弱，风暴对有规律的天气模式起到至关重要的变革性作用。要全面理解策展的环境，我们需要牢记艺术系统缓慢但持续的结构更新与其快速发展的艺术品和展览理念之间的相互作用。

在本节中，我将首先思考博物馆，然后是双年展，来进一步反思它们之间的相互作用。两者都发生了什么变化？这些变化对策展意味着什么？我们已经意识到一个博物馆似乎不再是当代艺术和当代策展的界限设定者。双年展已经成为当代艺术的主要载体，然而它们的巨大成功也给策展人（主要管理者）带来了问题，尤其需要面临的挑战是如何不断创新。这是基础设施转变的标志吗？我将探讨这些问题，同时继续追问：在每个案例中，都有哪些当代策展思想在发挥作用？

体验博物馆

近年来，博物馆作为永久收藏场所的地位逐渐转变为国际策展人组织的大型巡回展览和个人艺术家组织的大型装置艺术的剧场。每一个此类展览或装置都是为了设计一种新的历史记忆，通过重构历史提出新的收藏标准。这些巡回展览和装置都是公开展示其暂时性的"临时博物馆"。[6]

鲍里斯·格罗伊斯在其著作《艺术力》（Art Power）一书中强调了艺术博物馆从收藏库转变为展览场所的现代转变，它从一个静态地保存历史、将历史呈现为静止的全景图的地方，转变为一个包括藏品室在内的万物皆处于事件正在发生过程中的地方。正如他进一步指出的，当代艺术与现代艺术截然不同之处，恰恰在于其核心主张是彻底的暂时性：它使情境中的每一个元素都显得极其且仅仅只是暂时的。

在现代主义传统中，艺术环境被认为是相对稳定的，它是普世博物馆的理想化语境。创新就是将一种新形式、新事物置于这种稳定的语境中。在我们这个时代，语境被视为变化无常的。因此，当代艺术的策略在于创造一个特定的语境，使某种形式或事物看起来与众不同、新颖有趣，即使这种形式已经被收藏。传统艺术注重形式层面。当代艺术在环境、框架、背景或理论层面有了新的诠释。[7]

这是对这种情况中关键方面的敏锐描述，尤其是因为在后现代和当代背景下，以及我将在下一篇文章中概述的内容，当谈及展览形式的彻底革新时，策展人大多都跟随了艺术家的步伐。

世界各地的博物馆都在使用这些策略来"当代化"它们的藏品。一个引人注目的例子是，自2000年以来泰特现代美术馆在每个楼层的入口和出口处都展示了其现代艺术藏品，包括涡轮大厅（Turbine Hall）里令人叹为观止的作品，以及不那么直白但同样具有探讨意义的当代艺术作品。在规模迥异且距离遥远的地方，临时展览的概念在诸如"一日雕塑"（One Day Sculpture）这样的项目中被重新阐释。该项目由大卫·克罗斯（David Cross）和克莱尔·多尔蒂（Claire Doherty）策划，自2008年8月起的8个月内在新西兰奥特亚罗瓦两个岛屿的20个不同地点展出，包括20项装置作品、表演或活动等，每个项目持续24小时。[8]这是一种创新的方式，可以区分受地点限制的媒介与充斥着多重且脆弱的时间性的文化背景之间的差异。不出所料，这两个因素之间富有成效的张力塑造了这20件展品。

我在对当代艺术中占据主导地位的三大潮流进行描述时，强调了每种潮流是如何在最适合其需求的传播形式中孕育、依附或共同进化的。因此，当全球艺术史讨论博物馆中的当代艺术时，现代主义占据上风并推动了现代艺术博物馆保持当代性的愿望，就像那些认为自身的角色是向参观者介绍艺术，而不是挑战当代艺术作为使命的博物馆一样具有历史责任。"复古感觉主义"是那些认同其"孤胆英雄"态度的收藏家的私人博物馆的首选模式，著名的查尔斯·萨奇、埃利·布罗德（Eli Broad）和弗朗索瓦·皮诺（François Pinault）便是其中代表。他们的做法得到了许多在俄罗斯、中国、中东和其他地区的新近富豪的响应。例如，2010年在塔斯马尼亚州霍巴特开放的新旧艺术博物馆（MONA）收藏并展示了赌徒大卫·沃尔什（David Walsh）的藏品和他的生活方式。自20世纪80年代以来，由于新自由主义经济学

奥拉维尔·埃利亚松（Ólafur Eliasson），《天气计划》（*The Weather Project*），2003年。单频灯、投影箔、烟雾机、镜面箔、铝和脚手架，26.7米×22.3米×155.4米。展览现场，涡轮大厅，泰特现代美术馆，伦敦

被广泛接受使得财富集中现象盛行，新兴收藏家们纷纷涌现，他们被壮观的艺术和高调展示其藏品的公共展览所吸引：无论是作为知名博物馆的一部分，如布罗德在洛杉矶郡立博物馆的展览；还是对古老建筑的宏大翻新，如萨奇在伦敦切尔西的约克公爵总部（Duke of York's Headquarters），以及皮诺在威尼斯的格拉西宫（Palazzo Grassi）和海关大楼（Customs House）所做的事情；或是在丛林中开辟的艺术公园中的创作，如贝尔纳多·帕斯（Bernardo Paz）在巴西米纳斯吉拉斯州的因赫泰姆研究所（Instituto Inhotim）的作品。

第二种潮流已经在双年展中找到了理想的载体，我称之为跨国转型（transnational）[9]。本地-国际的交流融入了双年展的形式，定期重复举办的临时研究展览也是如此。因此，双年展很适合那些希望从其他地方体验艺术但不一定要收藏艺术品的西方机构：威尼斯、圣保罗、悉尼等，不胜枚举。匹兹堡自1896年起举办双年展，作为全球第二个双年展，一直从其卡内基国际艺术基金会收集艺术作品，反过来说，也符合那些希望体验西方艺术但不一定要复制它的艺术家们的创作意图。自1984年起举办的哈瓦那双年展仍然是这种不结盟的第三世界视角的领先案例。此外，双年展还为希望建立和维护永久性基础设施的艺术生产地区提供了国际标准模式。同时，它取代了那些不愿意或无法经常举办大型展览的地方。这对于全球艺术品交易来说是一个双赢的组合。

对于那些利用活动构成当代艺术第三股潮流的低调传播者来说，博物馆并不是他们的首选传播方式，双年展也不是。他们更偏爱互联网、直接互动、替代空间和临时场所，所有这些都在不断变化且完全是实验性的。任何类型的博物馆只要对眼前的某个特定目的感兴趣都是可以接受的，但在帮助维持其连续性的意义上却捉襟见肘。尽管在公众心目中，博物馆仍然是判断什么是艺术的唯一守门人，但它们在接纳和鼓励何种内容进入其门槛时，似乎越来越开放，甚至是疯狂的。

与此同时，第三股潮流的产销者不太在意他们产出的内容是否被贴上"艺术"的标签，他们更关心的是这些内容是否能引起同行的兴趣。一些策展人有意识地摒弃了艺术界对1%富人的谄媚依赖，积极寻求为新语境下发生的社会变革（如占领运动）注入艺术活力。当今的大多数策展人都意识到，在他们所从事的领域中最有趣、最迅速又或是最深刻的变化，正发生在我定义的这三股潮流中，以及它们之间的断层间隙之中。

博物馆问题

将这些同时发生的变化综合起来考虑，我们可能会问：这些变化是否正在威胁着各类博物馆和展览空间沦为废墟且无论它们属于哪个范畴？如果是这样，最好的回应是坚决抵抗、完全接受，还是把精心选择的连续性与有针对性的改变相结合？如果是后者，究竟应该将哪些元素融入其中，又应该如何混合？从"庙宇"到"论坛"，从"关于某物"到"为了某人"的转变是否已经走得太远，还是远远不够？[10]以这种方式提出这些问题，实际上是从文化管理者和博物馆馆长的话语出发，而不是策展人的话语。但这些角色现在正在发生变化，尤其是像我所描述的那些，在不断变化的范围中找到自己职业方向并在艺术机构中担任了更高职位的策展人。

一个极为流行的回应是将博物馆变成文化娱乐中心，这个词有些丑陋，也是个可怕的现象。卡斯滕·霍勒（Carsten Höller）指出：

> 我们正处于"民粹主义统治"的时代。世界各地的大型博物馆都在展示当代艺术。当代艺术画廊如雨后春笋般涌现，规模不断扩大。在20世纪70年代，当代艺术还是一个专业领域，没有太多人对它感兴趣。但现在，不可能有一本生活杂志不包含当代艺术的内容。然

而，如今我们有必要走出博物馆，避开主流，创造新的、更激进的概念。博物馆已经完成了它的使命，作为一名艺术家能从越来越多的博物馆展览中获得的滋养正在减少。在博物馆里不可能做出足够激进且极具影响力的事物，因为重要的事情已经完成了。这不仅与艺术展览和博物馆有关，在社会的许多领域都能看到这种现象，包括科学领域，所有的重大发现都已经完成了。[11]

他应该知道，与其他如莫瑞吉奥·卡特兰等人一样，他是当代艺术娱乐化的专家，这是他2011年底在新博物馆举办的展览的全部内容，也是卡特兰在上城区古根海姆博物馆同期展览的全部内容。然而他错了，他说没有什么"大"东西可以发现。我们才刚刚开始理解当代性的复杂性，以及如何与之共存。

霍勒描绘了一幅当代艺术中墨守成规者胜利的画面，这是一个噩梦般的场景。当然，对于大多数参与者来说，这是极其令人愉快的，就像乔治·卢卡斯（George Lucas）第一部电影《THX 1138》（1971年）中的"死亡房间"（death rooms）一样诱人。尼尔·卡明斯（Neil

参观卡斯滕·霍勒的"体验"（Experience）展览，新博物馆，纽约，2011年10月26日至2012年1月15日，发布在新博物馆维基页面：http://experiencewiki.newmuseum.tumblr.com/post/16820185024，2012年1月

Cummings）和玛丽西亚·莱万多夫斯卡（Marysia Lewandowska）在2008年的视频作品《博物馆的未来：分布式》（*Museum Futures: Distributed*）中捕捉到了这种情绪，该视频以2058年斯德哥尔摩现代艺术博物馆成立一百周年为背景，记录了一位档案管理员与博物馆馆长之间的访谈。他们的对话回顾了博物馆到那时为止的"历史"，并想象从现在到那时是一段开放的创造性与管理主义之间的斗争，在此期间博物馆被部分地投入市场，成了一个半私有、半公共的机构。人们逐渐意识到，管理者们已经将制度批评融入了他们的官方语言中，但却从未真正具有批判性。这就像穿越时空的安德烈·弗雷泽（Andrea Fraser）正在采访她的替身。[12]

在2011年5月于纽约举行的"当下的博物馆"会议上，索菲亚王后艺术中心博物馆馆长曼努埃尔·博尔哈-比列尔（Manuel Borja-Villel）指出："博物馆比以往任何时候都更受欢迎，但大多数博物馆比以往任何时候都更平庸。"当然，平庸有很多种类，比如品位的最低标

尼尔·卡明斯和玛丽西亚·莱万多夫斯卡，《博物馆的未来：分布式》，2008年，视频截图，高清视频，32分钟

准式的平庸和高端时尚的循规蹈矩式平庸。博尔哈·比列尔追溯了博物馆三个阶段的历史及演变，从排他性的现代博物馆到包容性的后现代博物馆；从使用白色立方体的透明性和即时性向专家和大众展示线性艺术史，到混合风格、媒介和年表，并使用营销手段将多元文化主义作为产品出售给观众。现在，社会和博物馆正处于危机时刻，需要重新思考藏品所体现的有关财产和遗产的假设，并将其视为"公共档案"一般的存在。他认为，这个档案应该作为其他叙事的储存库来展示，从口头叙事到多重现代性叙事，作为归属感的故事将艺术作品视为关系对象，即人们可以通过各种方式与之联系的对象。[13]

在索菲亚王后艺术中心博物馆这样一个广阔而多样的环境中，人们已经体验到了这种去机构化与再机构化之间不断的相互作用。更广泛地说，在过去的三十年里，全球艺术领域都体验到了博尔哈-比列尔所概述的三种类型的博物馆当代性。这些展览场所记录了我所区分的三种艺术潮流。各类博物馆都在努力适应每一种潮流的发展，同时也展示了它们之间复杂的互动。

近年来，纽约现代艺术博物馆（MoMA）尝试了截然不同的方法。该博物馆在2010年更新的使命宣言中宣称其主要目标是保持"世界上最领先的现代艺术博物馆"的地位，但在随后更具体的要点中，通过每次使用"现代"一词时都加上"和当代"一词来说明是如何保持领先地位的。[14]在公开宣传中，除了品牌名称外，MoMA在其他所有方面都将自己定位为当代艺术博物馆。2011年11月18日《纽约时报》（C27版）上的一则广告标题为："1980年至今的MoMA当代艺术博物馆，展现了各种媒介的两百余件新作品，始终新颖，随时可供观赏。"这些信息覆盖或环绕在一幅带有画框的图像上，列出这些作品标题如下：

从16毫米胶片转换为视频的黑白默片，《不动声色》（*Deadpan*），史蒂夫·麦奎因（Steve McQueen）；

使用丝袜和沙子创作的表演,《请回复1》(R.S.V.P.1),森加·能古迪(Senga Negudi);彩色有声影像,《电影史(第1A和1B章)》[Histoire(s) du Cinema(Chapters 1A and 1B)],让-吕克·戈达尔(Jean-Luc Godard);

单独用银色玻璃纸包装的糖果,无限量供应,《无题(安慰剂)》[Untitled (Placebo)],费利克斯·冈萨雷斯-托雷斯(Félix González-Torres);

使用玻璃、涂漆钢、蒸馏水、塑料和三个篮球创作的作品,《三球50/50水槽(两个J博士银色系列和一个威尔逊·西尔弗肖特篮球)》[Three Ball 50/50 Tank (Two Dr. J. Silver Series, One Wilson Silvershot)],杰夫·昆斯(Jeff Koons);

由冰箱、桌子、椅子、木头、石膏板、咖喱和很多人组成的交互式装置艺术,在画廊内免费供应泰国素食咖喱,展示时间为11月17日至2月8日的12:00—15:00,除周五为16:00—19:00,《无题(免费/静止)》[Untitled (Free/Still)],里克力·提拉瓦尼(Rirkrit Tiravanija);

使用黏土、木材、电线、聚苯乙烯泡沫塑料、铸铁、织物、铝、合成聚合物涂料、墨水、纸张和黄铜丝组成的雕塑,《布勒克门》(Bleekmen),胡玛·芭芭(Huma Bhabha);

使用胶合板、鞋子、动物纤维、线和羊皮创作的作品,《Atrabilious》,多丽丝·萨尔塞多(Doris Salcedo)。

里克力·提拉瓦尼,《无题1992(免费)》,1992/2007年。冰箱、桌子、椅子、木材、石膏板和食物,尺寸可变

"当代:开幕式装置"(contemporary: Inaugural Installation)展览现场,纽约现代艺术博物馆,2004年11月20日至2005年7月11日

换句话说,这就是你现在可以期待在博物馆看见的作品。你还能指望我们有多当代?言下之意是你真的希望我们比这些内容更当代吗?

此外,自2004年11月MoMA重新开馆以来,我逐月追踪了MoMA为实现其核心愿望而做出的努力,即继续成为世界上具有代表性的现代艺术博物馆,同时保持开放的态度,甚至走在收藏、展览和解读当代艺术的前沿,但并非完全处于"最前沿"。[15]我发现了一些阻碍这种双重举措成功实施的因素,即认为唯一值得考虑的当代艺术是那些明显扩展了20世纪现代主义创新的艺术,象征性地纳入了少数现代主义主流之外的艺术家,以及来自欧洲和美国之外的文化表现;基于传统艺术媒介存在的地域性,很少展示使用新媒体和数字媒体的艺术作品；不断强调博物馆自身的历史；以及策展人对先例和权威机构的被迫尊重。

从那时起，看着MoMA努力克服这些自我强加的、日益过时的限制，寻找到修改它们的方法，并取得了不同程度的成功，成为一件令人欣慰的事情。迄今为止，MoMA对涉及其他地区如东欧、中国、日本、委内瑞拉和阿根廷的艺术方面的研究、存档和出版工作给予了支持，采取了以一系列文献选集的形式呈现，遗憾的是目前很少展出。近年来，MoMA任命了两位当代策展人，他们的影响可以在一些临时展览和二楼展厅内不断变化的装置藏品中看出端倪。这些展厅正在缓慢地、断断续续地、希望是不可避免地摆脱现代主义的残余，逐渐转变为当代属性的空间。到目前为止，这种感觉很少在整个博物馆的展厅中持续存在。

伦敦萨奇画廊（Saatchi Gallery）尽管以紧凑的日程安排当代艺术展览、巧妙的教育项目策划和吸引人的网站而闻名，但它依然是一家极为保守的机构，仿佛是一个"复古感觉主义"的博物馆，在看似疯狂但实际如定格画面般的状态中运转。其创始人查尔斯·萨奇最近宣布，他厌倦了国际艺术界自我吹嘘、愚蠢无知、唯利是图的奇观现象，他称之为"未来垃圾，对冲基金的汉普顿人，追求时髦的商业大亨和石油大亨，以及自恃清高的艺术品经销商的消遣游戏"。任何《艺术新闻》的读者都可以对号入座，大多数人都会将他们自己列入其中。萨奇对策展人的看法，透露了其画廊保守的一个基本原因：

对于专业策展人来说，为展览挑选特定的画作是一项令人望而生畏的任务，这也暴露了他们缺乏业内所谓的"眼光"。他们更喜欢展示视频，以及那些难以理解的、后概念主义装置和图文展板，以此获得同样缺乏安全感和目光短浅的同行的认可。[16]

想必他并不认为策展就是他亲自认可收藏的每一件新作品，他为画廊的展览项目制定的严格政策，他加强对展览作品选择标准的监督和流程。对他来说，富有的业余爱好者出于对艺术的真正热爱而拥有纯粹的"眼光"，超越了专业人士幼稚的集体主义幻想。

纽约新博物馆于1977年成立，是一家完全致力于展示当代艺术的博物馆，与MoMA形成鲜明对比。该博物馆自2007年迁入鲍威里街的新址以来，它倾向于主要展示第一种和第三种潮流的作品，偶尔也会展示第二种潮流的作品。它通常分为历史、当代和在线这三个层次，分别在三个不同的楼层展示。我赞赏其"博物馆作为枢纽"（Museum as Hub）的倡议，尽管对匆匆而过的游客来说，这可能只是一个楼层，但它是一个明确划定的空间，并致力于将博物馆与世界各地艺术空间建立联系的坚定承诺。该倡议始于2006年，通过博物馆与首尔、墨西哥城、开罗和埃因霍温的少数合作伙伴之间的驻地和交流项目，探索新艺术、活动和展览的可能性。博物馆的第二届三年展"不受控"（The Ungovernables）由教育和公共项目总监兼策展人尤吉·朱策划，她同时还是"博物馆作为枢纽"项目的负责人，该项目催生了《艺术空间目录》（Art Spaces Directory），该目录介绍了96个国家的400个艺术空间。[17]

我并不主张建立一个三层楼的博物馆，每一层都在追踪其中一种潮流如何在当下展开，以及如何理解过去、畅想未来。那将是一个民族志博物馆，在未来的某个时刻，它不可避免地受到自身焦虑的影响，为当下提供一个考古概况的剖析。大多数具有一定艺术基础设施的城市中的"展览综合体"，已经在以某种含蓄的、预示性的方式做了类似的事情。当代性最好是在空间上和偶然性上得到展现，而不是给人一种神秘的错觉，以为它可以在特定场地完全呈现。如果是这样的话，它岂不是会在这样一个地方、这样一个时刻瞬间凝固，并成为过去的历史？这种现代主义的恐惧是否仍然困扰着当代的语境？

我和博尔哈·比列尔一样，希望大型公共艺术博物馆朝着他所指出的方向发展，成为开放的公共档案馆，但我们也必须认识到霍勒在谈到这种规模的博物馆时所指出的恢复、奇观和递归的力量。此外，我们还需要意识到国家文化精英的强大影响力，并承认在世界上许多地方，"公共"本身就是一个备受争议的空间。在一些压制性的情况下，它只存在于梦想中。在如中东等其他地区，它正在转变为变革行动，并引发极端反应。如今，南美洲各地的民众运动正在成为政府，而不是夺取政权。到目前为止，与1959年古巴革命之后的民众运动相比，其镇压力度没有那么极端。即使在美国，消费主义的舒适感与恐惧的公民身份形成了一种不稳定的联盟，"自燃"的可能性日益增长，正如我们所看到的"占领运动"已经蔓延到全国各地。

跨国转型的一个侧影是当前艺术博物馆与民族志博物馆之间的融合。对于后者来说，尤其是在欧洲，随着西方放弃其优越性的假设，当代艺术已成为它们延续下去的最大希望。2011年初，人们可以在科隆参观劳滕施特劳赫－约斯特博物馆（Rautenstrauch-Joest Museum）的"非洲城"（Afropolis）展览，这是一场别具意义的展览，其中展示了六个非洲城市的日常生活，这些被特别委托的来自每个城市的艺术家的装置作品是其中的重头戏，并占据主导地位。相比之下，附近的瓦尔拉夫－理查兹艺术博物馆（Wallraff-Richharz Museum of art）的"当代澳大利亚原住民艺术"（Contemporary Australian Aboriginal Art）展览，尽管其主题"铭记未来"（Remembering Forward）很有看头，但几乎完全脱离了语境，因此显得过于美化。这两种博物馆都在遵循某种美学的去制度化模式，同时使用传统的展示框架来试图驯服它们邀请进巢的布谷鸟。与此同时，在科隆的科伦巴博物馆，彼得·卒姆托（Peter Zumthor）对圣科伦巴教堂遗址的精湛改造使得展览能够将现代主义和当代艺术与宗教文物融合在一起，创造出相当优雅且克制的空间，虽然这些空间使人能够产生一种不明确的、相当无定形的精神共鸣，但却不断被美学上引人注目的艺术品所打断。那些更有精神

贫民窟电视台(Slum-TV),与哈瓦·埃苏曼(Hawa Essuman)、萨姆·霍普金斯(Sam Hopkins)、克里斯·金(Chris King)、查尔斯·马塔西亚(Charles Matathia)合作,《创作升级》(*Upgradation*),2010年。混合媒介,尺寸可变。展览现场,"非洲城",劳滕施特劳赫-约斯特博物馆,科隆

"无限空间拓展"(Infinity Space Expands),第十三展厅,科伦巴博物馆,科隆,2007年9月至2008年8月。左侧作品,《无题》(*Untitled*),巴伐利亚或士瓦本的圣米迦勒,约1620—1630年,椴木。中间作品,《黄色画作》(*Yellow Painting*),约瑟夫·马罗尼(Joseph Maroni),1982年,布面丙烯

或宗教倾向的人一定会在这样的空间中产生不同的体验。

在这种情况下，我们可以看到制度化、去制度化和再制度化的运作模式，这是任何机构或系统的"自然"生命和"呼吸系统"。参照正统的管理术语，是由各级董事、董事会和管理层来决定这些力量之间的平衡，通过实现令人欣慰的连续性来确保机构的发展或至少是生存，同时引入适度的干扰，然后将其纳入重振、适应和再生的叙事中。如果博物馆的社会定位和整个社会的变化模式都相对稳定，那么所有这一切都将很容易管理。但事实并非如此，它们在任何地方都变得越来越不稳定。例如，在科隆，上述三家博物馆的项目都是正在进行的意识形态争论的标志，这种争论在全市范围内、区域范围内，甚至在全国范围内展开。这种情况在任何规模的城市中都是可以预见的。

双年展的理念

那些如海啸般无处不在的双年展又如何呢？克莱尔·毕晓普在2011年威尼斯双年展的评论开篇中这样写道：

谁会想到八年前的双年展作为一种展览形式已经达到顶峰了呢？回想起来，奥奎·恩维佐于2002年举办的第11届文献展（Documenta 11）和弗朗切斯科·博纳米（Francesco Bonami）次年在威尼斯举办的"梦想与冲突：观看者的独裁"（Dreams and Conflicts: The Dictatorship of the Viewer）可能标志着这些大型展览所能达到的最大极限。恩维佐和博纳米的展览似乎证实了双年展的影响力遍及全球，并且相对不受机构繁文缛节和历史包袱的束缚，为自由尝试各种如国际团队、展中展、艺术家策展的策展试验，以及各种如地理上分散的卫星项目、会议、研讨会和出版物的展览结构提供了独特的机会，并寻求博物馆因过于保守或谨慎而不愿接受的做法……这些双年展构成了一个替代性的公共领域，其中视觉文化为混乱的世界提供了令人信服的建议，这种想法使展览充满了一种令人振奋的高风险感。[18]

现在情况已大不相同，至少在威尼斯不再如此。过去三届双年展的布局都呼应了当代艺术的至少两种潮流。在中央展馆，我们发现了当代艺术中存在一种"普遍"主题，这种主题通常会陷入忧郁的再现代主义，但复古感觉主义却基本得以避免，除非以快速简便的方式呈现。例如，去年卡特兰无处不在的鸽子作品《他人》（Others），这本身就是他在1997年创作的装置作品《游客》（Tourists）的扩展版。以欧美为中心向外的"全球"审视通常在军械库（Arsenale）展示。跨过转型以各种"官方"形式出现在国家馆，分为渴望进入中央展馆和愤慨反对这类野心的两派。跨国性蔓延到整个城市，包括在临时的宫殿里，资源贫瘠的国家展示他们的艺术作品，资源富庶的国家展示他们的"非官方"艺术作品，而经销商联盟则展示准官方艺术作品。同时，在福图尼宫（Palazzo Fortuny）中比利时收藏家阿克塞尔·维尔沃特（Axel Vervoordt）展示了艺术作品的普遍性，至少他在试图这样做，但从1997年的"ARTEMPO"和2011年的"TRA"的对比中可以看出效果在逐渐减弱。在第三股潮流中创作的艺术只是零星出现，通常是作为一种回应或无奈的选择。[19]

威尼斯无疑是所有双年展的鼻祖。它的面貌就像是世界艺术的剧场，与万国博览会类似，每两年向世人展示一次自己，但尚未得到令人满意的历史细节探索和彻底的背景分析。[20]可以说，直到1951年圣保罗双年展（São Paulo Bienal）、1955年第1届文献展（Documenta 1）和1984年哈瓦那双年展（Bienal de la Habana）的出现，双年展的形式才得到彻底改变。这三届双年展都以不同的方式开创了一种更有限的、区域性的"国际-本土"交流模式，且区域性的重点都同样旨在体现一种意识形态视角：圣保罗将南美洲（尤其是巴西）的艺术与欧洲和美国联系起来；第1届文献展将卡塞尔打造为纳粹时代后德国艺术国际化的象征性场所，并将西德的抽象艺术与邻国盛行的社会主义的现实主义艺术进行对比；哈瓦那双年展则为拉丁美洲和加勒比地区的艺术交流提供了基地，同时也横向接触了世界上其他"不结盟"的民族国家。[21]正如卡洛斯·巴苏阿尔多所观察到的，"然而，在所有这些展览中，外交、政治和商业汇聚成一股强大的力量，其目的似乎是利用和工具化艺术的象征价值。"[22]

他接着指出，过去三十年中双年展的激增与全球市场一体化和信息全球传播"完全同步"有密切关系，同时也伴随着对这种全球化力量的抵制，这一现象本身似乎构成了双年展历史上的第二次浪潮或新阶段，然而，当前来看，这一阶段即将结束。双年展捕捉到了全球化本身同质化与反同质化力量之间的紧张关系，它同时突出并强调了国际艺术和本土艺术之间复杂的联系。我们还可以补充到博物馆也是如此，通过从其他地方的著名博物馆引进重磅展览，来为其藏品和本土艺术的固化注入活力。这些总结似乎有一定道理，但还需要做更多的工作以确保它们具备历史准确性。[23]例如，在某些情况下如果考虑到长期规划能力、预算规模和人员管理水平，许多双年展已经超过了当地博物馆的能力。在欧美国家之外尤为明显，例如巴西的圣保罗双年展和南方共同市场双年展（Mercosul biennials），这些地方在非双年展期间的运营人员需求较小，而到了双年展时期则会雇佣数百人。

然而，巴苏阿尔多的担忧来自更深层次，关于博物馆作为艺术价值"客观"保障者角色，其评判机构理应与艺术市场的商业贪婪区分开来。

博物馆最初创造的象征价值，作为对物品和艺术实践交换价值的隐性肯定，最终被双年展转化为纯粹的实用性。也许，且在某些情况下可能是许多创办双年展的机构希望最终抵达的。在某些情况下，这种推理可能是部分合理的。[24]

他认为，双年展与博物馆在这一层面上的融合，更多只是表象而非实质性的。在双年展上展出的作品往往与市场和收藏家的品位与要求关系不大，在特征上更具批判性，在媒介上更具备冒险精神，且更有可能从电影、设计和建筑等（更具当代性的其他富有表现力和象征性的媒介）中汲取灵感。与博物馆通常举办的展览相比，双年展需要更广泛、更直接地沉浸在密集而多样的解释性话语中。同上，迄今为止双年展的历史却是如此。问题是，这种情况会持续多久？

回到我自己的论点，我观察到策展人与这些复杂元素有着不同的关系，一方面与艺术家、评论家或历史学家有关，另一方面与政府官员、赞助人和传统博物馆专业人士的要求和期望有关。在尊重所有这些参与者的特定观点并不断在他们之间进行协商的同时，策展人必须阐明审视"本土历史和语境"的立场，尽管始终要考虑他们与双年展所基于的"国际主义视野"之间潜在的生产性关系。这对当代策展人来说是一个巨大的挑战，假设我的论点，即双年展现在是被系统内接受的一种结构而言，那他们所面临的是与博物馆馆长相当程度和类型的责任挑战。当然，长期规划、预算规模和人事管理任务在许多情况下都是不相上下的。除了成为出色的展览策划者外，大型展览的策展人还被要求成为双年展形式本身的管理者。因此，他们往往自称为艺术总监，如同将自己定位为管弦乐队的音乐总监一样。

从更广泛的角度来看，我们中的许多人都认为，近几十年来双年展经常引领人们探索全新的艺术创作形式与含义。因此，罗莎·马丁内斯（Rosa Martinez）对2005年威尼斯双年展发表如下评论：

> 双年展……超越现在，展望未来……双年展是这个扩展领域的最前沿，正是因为它们的功能不同于博物馆。博物馆是保存记忆的殿堂……双年展则是探索和质疑当下的语境。[25]

这是典型的现代主义愿望投射。更具体地说，我们正在通过二十年以来双年展形式("几乎完全在欧洲和美国产生的历史叙事中建立的规范机制"[26])的持续攻击中获益。尽管博物馆经常举办双年展,但我同意巴苏阿尔多的观点,即"大型国际展览从未完全属于它们应被列入的艺术机构体系",因此,"它们引发的一系列实践和理论上的可能性往往具有颠覆性"[27]。这对艺术的发展及其传播结构具有重大意义,潜力无限。博物馆已经注意到了这一点,并迅速将双年展的一些经验教训,至少是部分地吸收到其日常展览和常规计划中。但是,这对双年展形式的颠覆性潜力有何影响?

再思大型展览

自 2000 年以来,人们普遍认为双年展陷入了生产过剩的危机,形式变得陈旧,如主题 A,带有子主题 a、b、c 和 d;主题 B 同上;x 位艺术家,每位作品数量为 y,展厅数量为 z。因此,双年展面临着被重新纳入传统博物馆的危险。策展人之间似乎出现了一场竞赛,看谁能以最具创造性和影响力的方式重新构思双年展。"最近,策展人勇敢地宣布他们正在摒弃传统的双年展结构,但这已成为一种陈词滥调且这一趋势如此普遍,以至于人们开始怀疑,除威尼斯外,如今在哪里还能找到传统的双年展。"[28]埃莉诺·哈特尼(Eleanor Heartney)就 2010 年光州双年展发表了上述评论,她指出,早期的光州双年展是由"欧洲知名策展人哈拉尔德·泽曼和勒内·布洛克(René Block)"监督下的团队策展,而近几届则交给了"更年轻且更加多元化的策展人"[29]。这些策展人包括查尔斯·埃舍和侯瀚如,他们在 2000 年将策展权交给了替代空间和艺术家团体;还有李龙雨(Yongwoo Lee)在 2004 年将"普通人"与专业策展人组队。2008 年,奥奎·恩维佐举办了一场"展中展",展览内容是重现前一年中全球范围内举办的一些有价值的展览案例。这种展览模式的创新旨在为"意想不到的选择带来偶然性",马西米利亚诺·吉奥尼于2010年推出名为"10000个生命"(10000 Lives)的展览,给哈特尼留下了深刻印象:"精心策划的策展和实务性的实践",这也"体现了它本想发起颠覆性思维的博物馆精神"。[30] 无论她的描述有多么准确,充其量也只是部分准确,只是我宏观描述的一部分,无论展览活动在何处举行,开放式形式(如双年展)与单一活动(明确的有影响力的策展)之间的矛盾摩擦都困扰着当代艺术的策展。

我认为,这里涉及一个数量问题。双年展的数量之多(近两百个)使得即使上述的杰出策展人也无法每次都成功地完成重塑展览这一自我挑战。难怪2008年的圣保罗双年展和2009年的卑尔根双年展决定优先举办会议和活动,以反思双年展形式本身的历史、相关性和前景,而不是展示国际和当地艺术家的作品。也就是说,他们邀请与会者重新审视这一展览形式,该形式作为全球连通模式的成功,可以说"国际"和"本土"对话作为一种矛盾已经变得越来越没有成效,正受到当地资金和政治困难的威胁,这本身在很大程度上是受全球金融危机影响的结果。当然,这两个地方都有重要的背景渊源。圣保罗双年展组织的历史相对较长(自1951年以来),在巩固与欧洲和美国的文化联系方面取得了相对成功,并将当地的艺术理念推广成为具有"国际意义"的面貌,特别是1998年由策展人保罗·赫尔肯霍夫(Paulo Herkenhoff)发起的"食人主义"(anthropophagy)展览,表现出反思性方向变化的能力,但这一变化充满了担忧和争议。2008年,策展人在圣保罗市发行量最大的免费报纸上刊登了关于双年展的信息。他们清理了历史悠久的奥托·尼迈耶(Otto Niemeyer)建筑的一层,展示了其独特的功能性之美。其他楼层展示的艺术家作品比平时少,更突出了讨论区、视频会议区和图书馆。"在生活接触中"(In Living Contact)成为一个构建当代艺术与当地社会和国际力量关系的辩论空间。[31]

和其他地方一样,这种论战的氛围很快就平息了。2010年圣保罗双年展探索了一系列政治/艺术"领域":"看不见的肌肤"(The skin of the invisible)、"已说、未说、禁止说"(Said, unsaid, forbidden)、"我就是街道"(I am the street)、"记忆与遗忘"(Remembrance and oblivion)、"远在天边,近在眼前"(Far away, right here)和"他者即同类"(The other, the same)。在2012年,我们可以期待对"诗学的内在性"的探索。诗学正在取代政治成为国际艺术界的退路。这种混合了诗、涂鸦、书名、文本标题和电影字幕等的标题正在成为一种命名策展主题的熟悉方式。它们标志着不同元素、"撕裂两半"的存在,也许是因为这意味着不再存在整体性,这些元素无法相加。然而,这并没有消除在更具体的层面上构建意义的挑战。

目前,将"双年展流程"应用于重新思考双年展的这个问题正在整个系统中发生。例如,科莫的安东尼奥·拉蒂基金会(Fondazione Antonio Ratti)以"世界上最美丽的艺术馆"(The Most Beautiful Kunsthalle in the World)为主题,于2010年至2012年间组织了二十五次会议,让艺术界人士讨论"展览空间的多样化模式及其特点;经济与艺术之间的关系;策展人角色的定义和身份;艺术出版物,以及与举办和制作展览的各个方面相关的其他问题"[32]。目前结果尚不确定。2009年在卑尔根举行的会议"是否应该举办双年展"(To Biennial or Not to Biennial),促成出版了一本优秀的参考书《双年展读者》(The Biennial Reader)[33]。在会议上,一个根本问题是是否要在这座城市举办双年展,鉴于全球石油产量过多,而斯堪的纳维亚半岛却很少,挪威相对富裕,而且需要为北海后石油时代的未来做好准备。市议会最近宣布,卑尔根双年展基金会将在该市发展斯堪的纳维亚三年展中发挥重要作用,并将在其展望中加入"话语和知识生产的一个方面"的话题。

欧洲宣言展（Manifesta）这一游牧型双年展的发展史是颇具启发性的，其价值在于批判延续性更新和复制国际标准的模式。欧洲宣言展由荷兰发起，荷兰是西欧中具有关键性作用的国家，欧洲宣言展的核心宗旨是为了解决欧盟边界的分裂问题和碎片化趋向问题。当时的欧盟新成立，且在很大程度上只是个名义上的实体。宣言展这一脆弱但又坚韧的流动性组织，准确地反映了"重思欧洲"这一概念过程中所蕴藏的"游离性"。自1996年在鹿特丹以来，宣言展每两年在欧洲的不同城市举办一次，如卢森堡、卢布尔雅那、法兰克福、多尼斯塔-圣塞瓦斯蒂安等，由来自该城市以外且从未合作的策展人团队举办，他们被要求在这期间走遍欧洲大陆寻找新的艺术，并以他们认为合适的方式呈现。宣言展的迭代采用了创新的形式，从博物馆展览到使用遍布每个城市的不同寻常的场地，再到互联网网站。原定于2006年在尼科西亚举行的宣言展计划以艺术学校的形式举办，将在欧洲唯一一个分裂城市的两个地区开设课程，但遭到了当地法规和政治紧张局势的阻碍。自那以后，它已在特伦蒂诺-南蒂罗尔（2008年）和西班牙穆尔西亚与北非（2010年）展出。2012年，它将在比利时林堡展出，由库奥特莫克·麦地那（Cuauhtémoc Medina）、卡特琳娜·格雷戈斯（Katerina Gregos）和道恩·阿德斯（Dawn Ades）策划。[34]

在全球范围内，文化连通也在迅速而剧烈地变化，尤其是亚洲和中东地区正在迅速制度化，而旧的文化中心则在其成功的奇观中若隐若现地看到了熵的幽灵。在西方以外的地区，几十年来一直在寻求区域连通性，从世界主义共同体的角度来看，自1984年以来在哈瓦那的表现最引人注目。近年来，随着收入差距越来越大，集中在相对少数但流动性很强的人群手中，许多亚洲双年展和中东双年展（如阿布扎比的萨迪亚特文化区）都试图将高雅艺术变为生活方式的黏合剂，为该地区最富有的1%的人群打造经济文化中心。在国家内部层面，巴西和中国等大国中的内部文化联系日益受到关注。这和他们与"全球"

潮流相连通的兴趣不谋而合。他们可能会说，文化政策必须双管齐下。

如果我对双年展已具有结构性的看法是正确的，那么在近期看到的大型展览在某种程度上已经僵化，其颠覆性潜力正在降低。把双年展的形式（不是在此时此地的特定展览的概念）作为批判性策展的关键对象是否有意义？这难道不是将媒介误认为主题？也许这也正是假定了双年展是完美的、独一无二的，而几十年来双年展作为一种过渡性载体的成功，恰恰取决于其节点式结构、易于模仿的参数，以及在本土层面上其对于艺术机构群体而言独特的灵活性、规律性和可靠的不可预测性的混合。这种开放性和独特性之间的混淆仍未解决，甚至已经泛滥成灾。

我们可以继续纵观展览谱系，注意到塑造每个场所和每个参与者的机构化、去机构化和再机构化力量之间的低级战争。我们可以绘制出每种机构和每种策展人试图寻求从一个或多个其他参与者中汲取反应或赋能的方式，同时努力创造和维持一个独特但又始终可变的形象。我们可以绘制出这些互动随着时间的推移在不同地点展开的方式，并绘制出它们之间的联系。这将是很有价值的，因为它将突出策展人实际工作的复杂性，并揭示每种展览场地所需的不同策展方式的独特之处，以及认识到它们之间持续变化的交流。新博物馆的创始人玛西亚·塔克（Marcia Tucker）是否真曾考虑过举办一场像2010年的"皮肤水果"（Skin Fruit）这样的展览？该展览取自其董事之一达基斯·乔安诺（Dakis Joannou）的收藏，并由杰夫·昆斯策划（乔安诺也一直在孜孜不倦地精心收藏昆斯的作品）。伦敦装置艺术博物馆的项目与匹兹堡床垫工厂（Mattress Factory）的项目有何不同？一份描绘这一领域并探讨解决这些问题的报告将比迄今为止的任何报告都更能表明其意，自20世纪70年代以来，替代空间、艺术家经营的合作社和支持性的特定场地组织，如伦敦的Artangel、纽约的Exit Art或悉尼的Artspace，在视觉艺术基础设施的增长和多样化方面发挥了关键作用。[35]该报告还将表明，基础设施行动主义（infrastructural activism）正在成为当今艺术家和策展人的主要活动，而这项活动背后又有多少默默无闻的基础工作的支撑。"基础设施"正迅速取代"策展"，成为需要把握、必须关注、必须投入精力的问题。

我们能够清楚地看到，如今在这个问题如何被解决之前，重要的是我们要理解两个角色之间微妙的象征性：策展人作为艺术家，艺术家作为策展人。这两种模式都有着丰富的历史，而这段历史随着两者之间的新关系的出现而不断被简化，从而产生了当前的辩论议题。让我们回顾一下这段历史，看看发生了什么。

1 房间项目,网站http://odaprojesi.blogspot.com。请参见Claire Bishop, "The Social Turn: Collaboration and Its Discontents," in Mischa Rakier and Margriet Schavemaker, eds., *Right About Now: Art and Theory Since the 1990s* (Amsterdam: Valiz, 2007), 58–68. 关于NICA（非盈利艺术机构），参阅Grant Kester, *The One and the Many: Contemporary Collaborative Art in a Global Context* (Durham, N.C.: Duke University Press, 2011), 145–53. 凯斯特讨论了许多类似的项目。关于"华夫饼店"和"冲突厨房"，请参见 http://waffleshop.org/ 和 http://www.conflictkitchen.org/。

2 伊德萨·亨德尔斯，引自Robert Fulford, "On the neurological path through Ydessa Hendeles's museum," *Globe and Mail*, November 16, 1999, http://www.robertfulford.com/Ydessa.html.

3 在众多评论中，最令人回味的是John Bentley Mays, "That Century: Notes on Partners," *Canadian Art* online, May 2, 2004 http://www.canadianart.ca/art/features/2004/05/02/195/.

4 伊德萨·亨德尔斯，"囍歌"（Prothalamium），"婚礼（沃克·埃文斯宝丽来项目）"，伊德萨·亨德尔斯的策展创作，纽约，安德烈亚·罗森画廊，2011年，第2场。另请参阅她的"Curatorial Compositions," *The Exhibitionist*, no.5 (January 2012): 47–52.

5 参见Tony Bennett, *The Birth of the Museum: History, Theory, Politics* (London: Routledge, 1995)，特别是第6章，以及他撰写的重要章节"展览综合体"（The Exhibitionary Complex），收录在Bruce W. Ferguson, Reesa Greenberg, and Sandy Nairne, eds., *Thinking About Exhibitions* (London: Routledge, 1996)；J. Pedro Lorente, *Cathedrals of Urban Modernity, The First Museums of Contemporary Art, 1800–1930* (Aldershot, U.K.: Ashgate, 1998). 另请参阅Emma Barker, ed., *Contemporary Cultures of Display* (New Haven, Conn.: Yale University Press, 1999); Carol Duncan and Alan Wallach, "The Universal Survey Museum," *Art History 3*, no. 4（1980): 448–69. 还可参阅Carol Duncan, *Civilizing Rituals: Inside Public Art Museums* (London: Routledge, 1995); Alan Wallach, *Exhibiting Contradiction: Essays on the Art Museum in the United States* (Amherst: University of Massachusetts Press, 1998). 类似的怀疑精神也体现在尼赞·沙克德（Nizan Shaked）对博物馆（尤其是美国博物馆）伦理问题的有益调查中：Nizan Shaked, "Something out of Nothing: Marcia Tucker, Jeffrey Deitch, and the De-regulation of the Contemporary-Museum Model," *Art and Education*, April 7, 2012, http://www.artandeducation.net/paper/something-out-of-nothing-marcia-tucker-jeffrey-deitch-and-the-de-regulation-of-the-contemporary-museum-model/.

6 Boris Groys, "On the New," in *Art Power* (Cambridge, Mass.: MIT Press, 2008), 40.

7 同上，第40页。

8 作者在《什么是当代艺术？》一书的第四章中，探讨了泰特现代美术馆的当代化策略。另请参阅David Cross and Claire Doherty, eds., *One Day Sculpture* (Bielefeld: Kerber, 2009).

9 "跨国"是各方都采用的术语。例如，古根海姆博物馆在其阿布扎比项目中也青睐于使用这个术语。

10 这些短语分别引用了著名学者邓肯·F. 卡梅隆（Duncan F. Cameron）在1971年的《策展人：博物馆杂志》(*Curator: The Museum Journal*) 和1972年联合国教科文组织（UNESCO）的《世界历史杂志》(*Journal of World History*) 上发表的著名论文《博物馆，是庙宇还是论坛》(The Museum, a Temple, or the Forum)，后转载于Gail Anderson, ed., *Reinventing the Museum: Historical and Contemporary perspectices on the Paradigm Shift* (New York: Altamira Press, 2008)；以及Stephen Weil, "From being about something to being for someone: The ongoing transformation of the American museum," *Daedalus 128*, no.3 (Summer 1999): 229-58, reprinted in Lois Silverman, ed., *The Social Work of Museums* (New York: Routledge, 2010). 关于60家美国博物馆使命宣言的分析，请参阅András Szántó, "Sixty Museums in search of a purpose, " *Art Basel Miami Beach daily edition*, December 1, 2011, http://www.theartnewspaper.com/articles/Sixty+museums+in+search+of+a+purpo

se/25146.

11　Carsten Höller, "Art and Entertainment: Forum," *Australian and New Zealand Journal of Art* 11 (2011): 74.

12　访谈的文字内容作为《百年纪念卷》的开篇，Anna Tellgren, ed., *The History Book* (Gottingen, Germany: Steidl; Stockholm: Moderna Museet, 2008)。

13　观看"当下的博物馆"视频，请访问 http://curatorsintl.org/events/the_now_museum。在西班牙，这些问题在1995年由约翰·G.汉哈德（John G. Hanhard）和托马斯·基南（Thomas Keenan）在巴塞罗那的安东尼·塔皮埃斯基金会策划的展览"博物馆的终结"（El limits del museu）中被提出。这些问题在下面这篇论文中被提及：Franciso Baena, Manuel Borja-Villel, Chema González, and Yolanda Romero, eds., *10,000 francs reward (The Contemporary Art Museum, dead or alive)*, conference proceedings (Barcelona: Ministry of Culture, State Corporation for Spanish Cultural Action Abroad and International University of Andalusia, 2009).

14　藏品管理政策，纽约现代艺术博物馆，2010年10月5日，http://www.moma.org/docs/explore/CollectionsMgmtPolicyMoMA_Oct10.pdf+Museum+of+Modern+Art+New+York+Mission+Statement.

15　在《什么是当代艺术？》的第一章中，我特别关注了位于博物馆二楼的"当代"展厅的一系列展览。

16　Charles Saatchi, "Charles Saatchi: The hideousness of the art world," *The Guardian*, December 2, 2011, http://www.guardian.co.uk/commentisfree/2011/dec/02/saatchi-hideousness-art-world.

17　见 Eungie Joo and Ethan Swan, *Art Spaces Directory* (New York: New Museum /ArtAsiaPacific, 2012). 关于"博物馆作为枢纽"的更多信息，请访问 http://www.newmuseum.org/learn/museum_as_hub.

18　Claire Bishop, "Safety in Numbers," *Artforum* 50, no. 1 (September 2011): 276–77.

19　关于我对当今大型展览所面临的挑战的看法，请参阅 "The World, from Europe: The Mega-Exhibitions of mid-2007," *X-Tra* 10, no. 3 (Spring 2008): 4–19, http://xtraonline.org/current_articles.php?articleID= 173.

20　Lawrence Alloway, *The Venice Biennale 1895-1968: From Salon to Goldfish Bowl* (London: Faber and Faber, 1969). 有关当代视角的微型历史，请参阅随后各版目录中的引言。

21　参见 Rosa Artigas, *Biena l50 Anos* (São Paulo: Fundação Bienal de São Paulo, 2001); Walter Grasskamp, "'Degenerate Art' and Documenta 1: Modernism Ostracized and Disarmed," in Irit Rogoff and Daniel J. Sherman, eds., *Museum Culture: Histories, Discourses, Spectacles* (Minneapolis: University of Minnesota Press, 1994), 163–94; Roger M. Breugel, introduction to Roger M. Breugel, Ruth Noack, and Georg Schollhammer, eds., *Documenta 12 Magazine, No 1-3 Reader* (Cologne: Taschen, 2007); and Rachel Weiss, *To and From Utopia in the New Cuban Art* (Minneapolis: University of Minnesota Press, 2011).

22　Carlos Basualdo, "The Unstable Institution," in Marincola, *What Makes a Great Exhibition?*, 23. And from Anthony Gardner and Charles Green, *Mega-Exhibitions: Biennales, Triennales and Documentas* (Boston: Blackwell Wiley, forthcoming 2014).

23　我们期待卡罗琳·琼斯（Caroline Jones）即将出版的著作《对世界图景的渴望：全球艺术品》（*Desires for the World Picture: the global work of art*）能对此进行论述，这一点可以从她的《双年展文化：更长的历史》（Biennial Culture: A Longer History）一文中看出，该文收录于 Elena Filipovic, Solveig Ovstebo, and Marieke van Hal, eds., *The Biennial Reader: An Anthology on Large-Scale Perennial Exhibitions of Contemporary Art* (Ostfildern: Hatje Cantz, 2010), 66–87.

24 Basualdo, "The Unstable Institution," 58.
25 Rosa Martinez, in Carolee Thea, ed., *Foci: Interviews with 10 International Curators* (New York: D.A.P, 2001), 79.
26 Basualdo, "The Unstable Institution," 59.
27 同上，第 60 页。
28 Eleanor Heartney, "Gwangju Report: Image Surplus," *Art in America* 98, no. 11 (December 2010): 78.
29 同上，第 78 页。
30 同上。其他观点请参阅 "Assessments: 10000 Lives: The 8th Gwangju Biennale," *The Exhibitionist*, no. 3 (January 2011): 23–34.
31 参阅 Ana Paula Cohen and Ivo Mesquita, "Em vivo contato," *Guia da exposição* (São Paulo: 28ª Bienal de São Paulo, 2008) ; 详情请参阅 Vinicius Spricigo, "From Artistic Internationalism to Cultural Globalization: Notes Toward a Critical Reflection on the Recent Changes in the Strategies of (Re)presentation of the São Paulo Bienal," *Global Art and the Museum* (Karlsruhe: ZKM, December 2009), http://globalartmuseum.de/site/guest_author/254. 还可参阅 Royce W. Smith, "28ᵗʰ São Paulo Bienal: In Living Contact," *X-Tra Contemporary Art Quarterly* 11, no. 4 (Summer 2009), http://www.xtraonline.org/past_articles.php?articleID=335.
32 参阅科莫的安东尼奥·拉蒂基金会的网站，"世界上最美丽的艺术馆"，www.fondazioneratti.org/calendarmostre/kunsthalle。
33 Filipovic, Ovstebo, and Van Hal, *Biennial Reader*.
34 参阅 Elena Filipovic and Barbara Vanderlinden, *The Manifesta Decade: Debates on Contemporary Art Exhibitions and Biennials in Post-Wall Europe* (Cambridge, Mass.: MIT Press, 2006); http://manifesta.org/biennials/about-the-biennials/.
35 此类研究的开端包括 Julie Ault, ed., *Alternative Art New York: 1965-1985* (Minnesota: University of Minnesota Press, 2002); Julia Bryan-Wilson, *Art Workers: Radical Practice in the Vietnam Era* (California: University of California Press, 2009); and Peta Rake, "Inclusivity and Isolation: Artist-Run Initiatives in Brisbane," *Filip*, no. 11 (Fall 2011): 70–78. 自 20 世纪 70 年代以来，某些欧洲国家，以及加拿大和澳大利亚政府对另类艺术空间的小规模但持续的支持源于对它们的研究感兴趣。对另类艺术空间重要的记录和论证经常出现在给赞助机构的报告中。例如，Sarah Thelwall, *Size Matters: Notes towards a Better Understanding of the Value, Operations and Potential of Small Visual Arts Organizations* (London: Common Practice with support from the Arts Council England, 2011)。目前在澳大利亚有九十多个艺术家主导的项目正在运营；请参阅 http://aripedia.org.au/index.php?title=List_of_Active_Artist-Run_Initiatives; 以及 Georgie Meagher and Brianna Munting, eds., *We Are Here* (Sydney: National Association for the Visual Arts, 2012)。这些举措是对十几个当代艺术空间的补充，其中大多数空间四十多年来一直是实验艺术的积极推动者；请参阅 http://www.caos.org.au/content/Home/。纵观世界范围内此类准机构举措的历史，特别是自 20 世纪 60 年代以来，基础设施行动主义已经存在了一段时间，但直到最近才被艺术界视为本质上是具有创造性、变革性和不可或缺的。同时，政府内部新自由主义价值观的增长和经济不确定性的增加，意味着从日益缩减的公共资金中获得支持的可能性变得越来越小。

·3·
艺术家作为策展人 /
策展人作为艺术家

卡普罗：你喜欢蜡像吗？
史密森：不，我不喜欢。它们实在是太逼真了。

艾伦·卡普罗（Allan Kaprow）与罗伯特·史密森（Robert Smithson）
"何为博物馆？一次对谈"，1967年

上述这段对话发生在"何为博物馆?"对谈的中间部分。卡普罗首先指出,无论是在精神世界之中,还是在现实世界之中,博物馆已经变得"看上去像陵墓"般了无生机,并且它与当代、未来的艺术无关。一反常态,史密森谴责博物馆最近的趋势并不合时宜,即为了反对其毫无生机的过时做法而模仿迪斯科舞厅,并认为艺术家应该夸大博物馆的"无效"特质,他们应该探索用"各种各样的虚无"艺术来填充博物馆。两位艺术家你来我往,互相批评,故意忽略对方的观点,以便更好地诠释自己的观点。最终,史密森的消极感受力和卡普罗的狂热激进主义似乎同样有力,都对未来的选择充满了天马行空般的幻想。卡普罗尴尬地试图做出积极的总结:"最近看来,只有两种可能的出路:一种意味着最大的惰性,我称之为'观念'艺术,这种艺术经常被讨论但从未付诸实践;另一种则存在于持续不断的活动中,这种活动具有不确定的美学价值,并且与文化机构相分离。一旦我们在这两种极端之间活动,我们就会被困在博物馆里。"[1]

两代人之后,正是这两种选择导致了深刻变化,艺术家、评论家和策展人在其可能性范围上已经达成了某种相似的立场。范围虽已拓宽,但选项看起来似曾相识。奇观主义已经开始主导大型博物馆中的游客体验,并顺延其谱系在更专业和替代空间中产生回响。(当然,随着人们对自上而下权力的信念减弱,这种共鸣也逐渐消失,它提醒我们谱系如"脊椎骨"一般,一个文化权力的等级分配者,同时,还聚集且依赖于其边界处的种种不同的对立关系。)艺术与日常生活的融合已经加速到这样一种程度：（"具有不确定美学价值并且定位于文化机构之外的活动"——"模糊"是卡普罗钟爱的目标）二者之间此消彼长，彼此消融，并且不时地更替出现，虽然并不彻底但总是处在变化之中。在艺术和日常生活之间运作，将概念主义看作一种"残余美学"，意味着某个地方的某博物馆很快或最终会选择陈列你的作品。不过，不喜欢模糊界限的从业者对此还有另一种认识：在谱系内行动但与其保持一定距离，便会开启一个平行宇宙，一个可以预演批判性的空间，并准备好随时被带回到奇观化的日常生活中去，以对其造成不利影响。策展思维的批判性成分仍然具有现实意义。

从批判性策展到为策展批评

尽管最近有些特立独行的策展人如哈拉尔德·泽曼、勒内·布洛克、本图斯·胡尔滕（Pontus Hultén）、凯纳斯顿·麦克希恩（Kynaston McShine），以及一些特立独行的评论家如露西·R.利帕德，在1970年左右策划了一些开创性的展览，但历史记录显示，在策展人采取激进的展览实践之前，某些艺术家早已重新构想了展览的制作方式，其成果在规模和影响力方面都超过了策展人的预期。他们提出"反展览"（antiexhibition）理念，用一种公共展示空间代替另一种公共展示空间，包括将非博物馆空间转移到博物馆中，反之亦然。就其目的而名，最初这些"反展览"是作为展示艺术家本人作品的平台，随后是展示同行的作品，直到变革的冲动延伸至将博物馆纳入其中，从重新布置某些展厅开始，再到重新呈现部分藏品，最后向我们展示了重新思考博物馆本身的方法。这种变革并不是以系统化方式发生的。相反，这种变革的灵感似乎与那个时期的艺术一样多元，在效果上也呈现出一种随机性。这些展览实验中的许多案例，至今仍作为当前策

马塞尔·布鲁泰尔斯,"现代艺术博物馆,鹰部",1971年,综合材料,尺寸可变。科隆艺术博览会,1971年10月5日—10日

展实践的典范而存留,它们常常成为策展人灵感的源泉,甚至掩盖了近期的一些展览实验案例。

艺术家早期的努力主要是将他们的创作核心本能投射到更大尺度的博物馆装置上。1968年,马塞尔·布鲁泰尔斯(Marcel Broodthaers)用"博物馆"(Museum)这个词来命名他的工作室,作为活动场地,他和其他比利时艺术界人士在此相聚并探讨了当年的"五月事件"。在这个案例中,"博物馆"象征着一个最不像博物馆的地方,但这个地方却正在发生与视觉艺术相关的事件。将这个特定的聚会地点命名为博物馆是蓄意的误称。布鲁泰尔斯以其特立独行、诙谐幽默的方式,呼吁人们关注官方机构在民众起义面前的退缩现象。1971年,他应邀在杜塞尔多夫艺术厅展出作品,他重新组合了那次会议的材料(借来的包装箱),又添加了一些来自当地艺术和自然历史博物馆、古董店和商店的物品(19世纪雕塑、鹰类标本、电影设备等),并依次标记为"现代艺术博物馆""鹰部""电影部门"等。每只鹰类标本上都贴着一张标签,上面写着"这不是一件艺术品"。虽然展品中没有任何一件是艺术品,但整个展览本身却是一件艺术品。这体现了布鲁泰尔斯的意图——通过这种方式,在这个空间里展示这些物品的过程。布鲁泰尔斯提出质疑:"难道这个地方……不能作为博物馆和虚构之地的身份同时存在吗?如此一来,那些参观者不是最终也会欣然接受这个想法吗?"²

当时,许多以艺术家名字或主题内容命名的博物馆以类似的理念应运而生。克莱斯·奥尔登堡(Claes Oldenburg)的"老鼠博物馆"(Mouse Museum),是对华特·迪士尼角色的商业化、各种日常纪念品,以及他自己作品的微型复制品的致敬(这些复制品本身就是一种流行的象征与时髦的再现),该项目始于20世纪60年代中期,现在收藏于科隆路德维希博物馆(Museum Ludwig, Cologne)。丹尼尔·施珀里(Daniel Spoerri)的"情感博物馆"(musée sentimental)的变体展分别于1977年在巴黎、1979年在科隆和1989年在巴塞尔落地,就像他的艺术一样,这些都凝结着艺术家日常生活的碎片瞬间。这个仿造的博物馆正是通过对日常物品的非凡特性、平凡之美以及媚俗之必然性的坚持,以达成对高雅艺术博物馆的讥讽。丽贝卡·德鲁(Rebecca DeRoo)指出,博物馆建设面临的挑战是直接而影响深远的。³这种故作严肃又极其古怪的类博物馆,在大卫·威尔逊(David Wilson)创立的位于洛杉矶的侏罗纪科技博物馆(Museum of Jurassic Technology)中实现了最为持久且成功的呈现。⁴

安迪·沃霍尔(Andy Warhol)在1969—1970年期间把罗德岛设计学院(Rhode Island School of Design, RISD)艺术博物馆的库房搬到了主展览空间中,开展了一场名为"突袭冰室"(Raid the Icebox)的"介入行动"。该博物馆的馆长评论道:"当我们感到安迪·沃霍尔正在展示'储藏室'而不是艺术作品时,这着实令人费解。在他看来,这一系列的标签可能与它们所指代的画作一样重要,也许这一切都作为整体的一部分。而我们也明白,这场展览所展示的,正是安迪·沃霍

安迪·沃霍尔,"突袭冰室",1969—1970年,罗德岛设计学院艺术博物馆,1970年4月23日至6月30日,展览现场

尔独特的艺术理念与风格。"彼得·沃伦引用这句话,并更准确地描述了这位馆长的话:"这就好像'安迪·沃霍尔'这个标签所代表的不是一个人,而是贴着他名字标签的储藏品:盒子、胶卷、线轴、用宝丽来相机拍摄的照片等。"[5]他强调了沃霍尔痴迷于记录生活中人与物之间的每一次交流,以及他希望成为一个非人的、被动的记录设备。也许这就是史密森的讽刺愿景(ironic vision),在此得以直接实现。

对博物馆进行激进改革是这一时期纽约艺术家集会的主要目标,包括1969年成立的艺术家工人联盟(the Artists Workers Coalition)和1975年成立的文化变革艺术家会议(Artists Meeting for Cultural Change, AMCC),后者包括黑人紧急文化联盟(the Black Emergency Cultural Coalition)和五个女性艺术家团体。其采取的直接行动包括在博物馆外举行示威游行,示威者举着标语指出馆藏品中几乎完全没有女性、黑人和其他少数族裔的艺术作品。1977年，为回应惠特尼博物馆决定将约翰·戴维森·洛克菲勒三世夫妇的私人藏品作为建国两百周年展览之一，艺术家们出版了《反目录》(An Anti-Catalog,1977)。这是一本入门读物，以直观的图像揭露了博物馆的运作背后是基于剥削性、排他性、根深蒂固的阶级基础等问题。

1971年，汉斯·哈克（Hans Haacke）在纽约古根海姆博物馆举办的艺术生涯中期回顾展被取消，这一事件被认为是美国艺术家与博物馆关系的转折点，在那一刻，二者之间的合作关系每况愈下，矛盾日益尖锐。哈克称之为"现实生活系统"（Real-Life Systems）的装置作品揭示了当代生活的复杂性和矛盾性。然而，这件作品太真实、太生动，对当代社会的既定体系构成威胁。[6]哈克后来成为对博物馆提出最严厉批评的当代欧美艺术家之一，他撰写了许多重要的论战文章，其中1984年发表的《博物馆，意识的管理者》(Museums, Managers of Consciousness) 尤为著名。[7]

回顾历史，我们可以看到南美洲的艺术也出现了类似的转折点。南美洲在20世纪60年代日益专制的政权背景下，批评的焦点不再仅仅指向"体制"，而是更多地聚焦于对公共领域进行干预。例如，在阿根廷，"1968年之旅"（Itinerary of 1968）等一系列实验性事件挑战了政治、机构和激进艺术实践的界限。[8]艺术家爱德华多·鲁阿诺（Eduardo Ruano）在布宜诺斯艾利斯现代艺术博物馆的一次展览开幕式上高呼"美国佬滚出越南！"，并销毁了他的一幅带有肯尼迪总统照片的作品。随后，在迪特利亚研究所（Instituto Torcuato di Tella）举办了展览"体验"（the Experiences），该研究所是20世纪60年代在罗梅罗·布雷斯特（Romero Brest）指导下展示实验艺术的重地，其中包括奥斯卡·博尼（Oscar Bony）的作品《工人阶级家庭》(La familia obrera)，一个真实的家庭，一名工人和他的妻子、儿子，他们始终坐在展台上，接受公众的审视。

an *anti*-catalog

Because it calls the neutrality of art into question, this Anti-Catalog will be seen as a political statement. It is, in reality, no more political than the viewpoint of official culture. The singularity of that viewpoint—the way it advances the interests of a class—is difficult to see because in our society that viewpoint is so pervasive. In this Anti-Catalog, we have attempted to elucidate some of the underlying mechanisms and assumptions. Our effort is not intended simply as a critical exercise. Culture has the power to shape not only our view of the past but also the way we see ourselves today. Official culture can only diminish our ability to understand the world and to act upon that understanding. The critical examination of culture is thus a necessary step in gaining control over the meaning we give our lives.

文化变革艺术家会议,《反目录》, 1977年

译文：由于质疑艺术的中立性，这份《反目录》被定义为政治声明。实际上，它并不比官方的文化观点更具政治性。这种观点的独特性往往不易察觉，因为它已成为某一阶级获取利益的手段。在我们的社会中，这样的观点已经渗透得如此广泛，以至于我们几乎对其习以为常。在这本《反目录》中，我们试图阐明一些潜在的机制和假设，我们的努力并不仅仅是为了批判，文化不仅塑造了我们对过去的看法，也塑造了我们今天看待自己的方式。官方文化只会限制我们对世界的深刻理解，由此制约我们据此采取行动的能力。因此，批判性地审视文化正是我们获得定义生活意义这一权利的关键所在。

These questions are and your answers will be part of
Hans Haacke's VISITORS' PROFILE
a work in progress during the Haacke exhibition at the
Guggenheim Museum.

Please fill out the questionnaire and drop it into the box on the white round table near the windows on the Museum's ground floor. Do not sign your name.

1) Do you have a professional interest in art, e.g. artist, student, critic, historian, etc? ___yes___ ___no___

2) Is the use of the American flag for the expression of political beliefs, e.g. on hard-hats and in dissident art exhibitions a legitimate exercise of free speech? ___yes___ ___no___

3) How old are you? ___years___

4) Should the use of marijuana be legalized, lightly or severely punished? ___legalized___ ___lightly___ ___severely punished___

5) What is your marital status? ___married___ ___single___ ___divorced___ ___separated___ ___widowed___

6) Do you sympathize with Womens' Lib? ___yes___ ___no___

7) Are you male, female? ___male___ ___female___

8) Do you have children? ___yes___ ___no___

9) Would you mind busing your child to integrate schools? ___yes___ ___no___

10) What is your ethic background? _____

11) Assuming you were Indochinese, would you sympathize with the present Saigon regime? ___yes___ ___no___

12) In your opinion is the moral fabric of this country strengthened or weakened by the US involvement in Indochina? ___strengthened___ ___weakened___

13) What is your religion? _____

14) Do you think the interests of profit-oriented business usually are compatible with the common good of the world? ___yes___ ___no___

15) What is your annual income (before taxes)? $_____

16) In your opinion are the economic difficulties of the US mainly attributable to the Nixon Administration's policies? ___yes___ ___no___

17) Where do you live? ___city___ ___county___ ___state___

18) Do you think the defeat of the SST was a step in the right direction? ___yes___ ___no___

19) Are you enrolled in or have you graduated from college? ___yes___ ___no___

20) In your opinion should the general orientation of the country be more or less conservative? ___more___ ___less___

Your answers will be tabulated later today together with the answers of all other visitors of the exhibition. Thank you.

汉斯·哈克,《古根海姆博物馆参观者简介》(Guggenheim Museum Visitor's Profile),1971年。问卷。古根海姆博物馆藏,纽约在工业城市罗萨里奥举办的展览项目"图克曼省正在燃烧"（Tucmán Arde），展览活动几乎演变成了一场民众游行活动，将这一进程推向高潮。在这次活动中，艺术家们旨在创建一个有关图克曼省北部社会状况的信息展示活动，以对抗政府的虚假宣传，并揭露因作为居民主要生活来源的炼糖厂的关闭而加剧的贫困和失业的社会经济现状。这场活动原计划在罗萨里奥和布宜诺斯艾利斯两地举行，但由于军事政变后全城遭到管控，在首都布宜诺斯艾利斯只进行了不到一天就被叫停。政府和警察的反应，以及持续的镇压，导致许多参与活动的艺术家被驱散：其中一些人转入地下，加入了"游击队运动"；另一些人"被失踪"，至少有一人［爱德华多·法瓦里奥（Eduardo Favario）］在加入人民革命军后阵亡。其他艺术家，包括罗伯托·雅各比（Roberto Jacoby）和莱昂·法拉利（Leon Ferrari），继续以曲线策略在艺术界保持活跃。然而在随后几年里，由于对图克曼项目的镇压，严重抑制了阿根廷实验性和政治性艺术的自由发展。

在巴西，1971年军事镇压最严峻的时期，里约热内卢现代艺术博物馆举办了一系列参与式艺术活动，名为"创造星期天"（Domingos de Criação），这可以被视为一个类似的转折点。在此之前的几年里，艺术家和美术馆在罗伯托·布雷·马克斯（Roberto Burle Marx）设计的画廊和周边花园中，激情地展开了一系列实验艺术活动。在"观点1965"（Opiñao 1965）展览开幕式上，埃利奥·奥伊蒂西卡（Hélio Oiticica）展示了代表其艺术风格的斗篷和旗帜作品《帕兰戈莱斯》（Parangolés）。这场邀请了曼盖拉贫民窟居民参与的表演，其激进的影响力远超预期：奥伊蒂西卡被要求将表演转移到博物馆后花园里。"创造星期天"活动由评论家弗雷德里克·莫赖斯（Frederico Morais）组织，他当时是博物馆课程主任（那时"策展人"这一称谓尚未流行），莫赖斯身体力行，充分挖掘实验性的精神主旨，巧妙地利用博物馆周边的花园空间，在1971年的1月至7月期间举办了六场规模盛大的活动，吸引了数千名公众和艺术家的热情参与，其中包括当今著名的巴西艺术家利吉亚·帕佩（Lygia Pape）、安东尼奥·曼努埃尔（Antonio Manuel）和卡洛斯·贝尔加拉（Carlos Vergara）。[9] 1971年之后，虽然艺术家们继续与博物馆合作并在博物馆举办展览，却很少再组织此类公众广泛参与的活动。

"艺术与语言"团体中的艺术家梅尔·拉姆斯登（Mel Ramsden）是第一个使用"制度批判"（institutional critique）一词的人。[10]他在1975年《福克斯》杂志上发表的文章《论实践》（On Practice）中所提出的论点值得我们仔细研究。梅尔极力主张个人应致力于建构"一种共同体实践（语言……社会性……），而不是仅仅体现一种商品化的存在方式"。他主张摒弃形而上学对艺术超越性的盲目推崇，反对自由主义对"军工复合体"权力的过度警告，更反对左派认为所有现存机构和思维模式都不可避免地沦为资本主义工具的观点。在他看来，前者是"非辩证唯心主义"，后者则是"非辩证唯物主义"。正是在这样的思考之下，他提出："常年纠缠于体制批判，而不解决制度内的问题，就是一种泛泛而言和口号化"。[11]此刻，"艺术与语言"团体，尤其是其纽约分支，正逐步从概念上的自我批判转向社会和政治参与的形式。[12]1976年，随着该团体的解散，部分成员决然告别了博物馆和艺术界，积极投身于公共领域的政治舞台，其成果卓有成效。[13]与此同时，其他成员中尤其是那些驻地在英国的成员，则迅速采用平面绘画的方式，着手面对一个看似矛盾的议题：他们的作品在大型博物馆展出，并在此过程中经历了本质上的变革，尽管这种变革仅仅是象征意义上的。[14]

汉斯·哈克和约瑟夫·科苏斯（Joseph Kosuth）等批判概念主义艺术家花了数十年时间构想"反博物馆"，他们抓住机会，将与之相悖的理念融入实际博物馆之中。他们的分析不仅在理论上最精深、在政治上最尖锐，甚至超越了同时代批评家、艺术史学家和策展人的见解，还巧妙地融合了自己精湛且前卫的设计技巧来实现这种理念。他们通过展览来实现这一目标：这既是其他艺术家作品的展览，也是他们自己作品的展览，同时也是一件装置艺术作品和一次对博物馆（部分）的重新布置。1990年在布鲁克林博物馆展出的"布鲁克林博物馆收藏：不可言说的游戏"（The Brooklyn Museum Collection: The Play of the Unmentionable）由约瑟夫·科苏斯策划，并冠名为"约瑟夫·科苏斯的装置作品"。该展览设计的理念可以概括为"当镀金时代大型沙龙遇上颓废艺术"（Gilded Age Grand Salon meets Entartete Kunst）。将图像等视觉表达视为言论话语，同时也是对视觉艺术审查制度的深入且巧妙的探讨，也是一种充满对抗性的探索。这一过程将不同时期、不同地区的艺术作品与从奥斯卡·王尔德（Oscar Wilde）到阿道夫·希特勒等对艺术在社会中角色的观点并置一堂。这种做法不可避免地凸显了每个展览中都存在的两个问题，往往也是隐而不宣的核心问题。[15]凯瑟琳·查菲（Cathleen Chaffee）一针见血地概括了这些问题："展出一件作品如何改变它，对其历史的了解又如何改变我们？"[16]

约瑟夫·科苏斯，"布鲁克林博物馆收藏：不可言说的游戏"，纽约布鲁克林博物馆，1990年9月27日至12月31日

一年前，在维也纳的分离派美术馆和布鲁塞尔的美术宫，科苏斯将现代艺术家的作品和路德维希·维特根斯坦（Ludwig Wittgenstein）关于哲学与美学之间关系的论述并置展出。该展览名为"不可言说的游戏：路德维希·维特根斯坦与20世纪的艺术"，展览以这位哲学家在《逻辑哲学论》（*Tractatus Logico-Philosophicus*）中著名的最后一句话作为立论前提："若无言以表，唯有沉默"（whereof one cannot speak, thereof one must be silent.）。维特根斯坦在后半生都致力于推翻这一观点，科苏斯在书中坦言：

我相信，我们可以从《哲学研究》（*Philosophical Investigations*）中得到一点艺术启示，晚年的维特根斯坦试图通过他的哲学寓言和构建"对象-文本"理论概念的语言游戏，来揭示语言中那些在哲学上无法明确陈述的方面。[17]

科苏斯认识到，即便是那些带有鲜明哲学意图的展览，其运作机制与他介入博物馆的手法既有相似之处，也存在差异。"本次展览中展出的作品，其意义就像语言一样，是在"游戏"的表面浮现而出……（与哲学论述中的直接断言或真理陈述不同）艺术的潜力在于向我们展示一种作为文化形态的具体表现形式。"[18]这是对思想如何呈现，以及如何策展的重要见解，也是当代策展思想的重要组成部分。

在"不可言说的游戏"的展览评论中，让-于贝尔·马尔丹承认了"艺术家作为策展人"的模式对他这样的策展人的影响：

这些作品的展示方式打破了常规的挂画形式。从地面到天花板，科苏斯充分实现了对整个墙面空间的利用。有些作品被并置陈列，激发出意想不到的形式比较；而另一些作品则排列组合在一起，形成矛盾化的概念冲击。许多作品都是现成品，他巧妙地布置出整体的和谐统一，既避免了作品在展览现场中杂乱无章，同时又构建起视觉与想象间的桥梁，为观众开辟了一种充满想象力的艺术视角。[19]

马尔丹在1989年策划了"大地魔术师"（Magiciens de la terre）展览，其灵感源于他对安德烈·布勒东等超现实主义艺术家作品中融入的"原始"（primitive）元素所持有的深厚迷恋。同时，这也反映了他对丹尼尔·施珀里等新现实主义艺术家和罗伯特·菲利乌（Robert Filliou）等激浪派艺术家在创作中所展现的这种迷恋的复兴。他在展览中巧妙地将欧美艺术家对"灵性"主题的关注与全球各地土著文化艺术家和巫师的仪式用品、手工艺品及表演相互交织，在此以前，这些作品在模糊的定义中（长期受殖民主义影响下的盲目欧洲中心论）被笼统视为"灵性"的体现。在蓬皮杜中心五层，展览的挂画形式相对传统，而拉维莱特大厅更高更宽敞的空间则营造出更加戏剧化的展陈效果。这样的空间布局使一些重要的作品得以展出，例如来自澳大利亚中部沙漠的延杜穆（Yuendumu）长老的基于部落仪式所创作的沙画，新墨西哥纳瓦霍人小乔·本（Joe Ben Jr.）的作品等，能够以其自

"大地魔术师"展览，巴黎拉维莱特，1989年。理查德·朗（Richard Long）和延杜穆的作品展览现场

艺术家作为策展人 / 策展人作为艺术家

身的方式被观众接受。诸如此类的作品超越了策展框架——旨在通过借助广义的"魔法"概念和一系列关于"灵性"的诗意推测,从而跨越土著和欧美世界观之间的巨大鸿沟。展览的十六个单元便是围绕着这些概念构建的。[20]尽管本雅明·布赫洛（Benjamin Buchloh）等人批评展览中存在缺漏和偏颇之处[21],但必须承认的是,"大地魔术师"为西方以外的艺术家提供了第一个欧洲立足点,他们和许多后来的艺术家自此将这个立足点发展成为一个全球性平台。

1986年第二届哈瓦那双年展展现出更广泛的艺术视野和更聚焦的政治视角。1984年举办的第一届双年展仅限于拉丁美洲地区参与,第二届双年展包括来自第三世界的艺术家、评论家、学者和策展人,当时第三世界的人口占世界总人口的80%。策展团队核心成员赫拉尔多·莫斯克拉自豪地宣称,"有史以来举办的首个全球规模的当代艺术展：汇聚了50余场展览与活动,规模宏大、形式多样、内容丰富,展示了来自57个国家690位艺术家的2400件作品。"[22]它为1989年的第三届双年展奠定了坚实基础,被认为是迄今为止最圆满地实现了组织者愿景的一届双年展,同时也成为后续跨国艺术转型策展的成功典范。虽然主展览"三个世界"（Tres Mundos）的构思得以保留,但其内涵已在遍布城市各个角落的众多小型展览单元"核心"（nucleos）中得到了延展。这些单元各自围绕特定主题展开,汇聚了来自不同国家、运用不同媒介、处于不同社会地位的艺术家的作品。有的展览巧妙融合了这些多元化的元素,有的则是基于特定议题的随机组合,使得整个展览形式丰富而生动。回顾过去,莫斯克拉坚持认为,它"并不仅仅是一个展览,而是一个由展览、活动、会议、出版物和推广项目组成的有机体"。在这一点上,它预示了这些文章所追溯的策展实践中的许多变化,颠覆了传统的威尼斯双年展模式,摒弃了国家馆的形式,转而围绕"传统与当代性"（Tradition and Contemporaneity）这一核心主题展开。这一主题在"新古巴艺术"（new Cuban art）和来自全球各地

（尤其是非洲）的第三世界艺术作品中引发了不小的争议，展览还特别融入了非洲金属雕塑、宗教文化祭坛，以及西蒙·玻利瓦尔（Simon Bolívar）的雕像。本届双年展取消了传统颁奖的做法，这是当时双年展的一个重要特点（威尼斯双年展仍在采用这一方式）。第二届双年展汇集了由莉莲·利亚内斯·戈多伊（Lilian Llanes Godoy）与莫斯克拉领导的策展团队多年的深耕细作。他们在研究、旅行、档案梳理，以及全球范围内的深入交流中，不断激发出思维碰撞的火花。随着时间的推移，人们逐渐意识到，双年展的结构复杂性和主题广泛性，更适合由策展人团队精心策划并执行，而非依赖一位全知全能的策划者独自操刀，如今，这已经成为常态化的方式。然而，在1989年的哈瓦那，一切正处在剧烈的变动之中：古巴文化政策内部的矛盾、策展人之间的激烈辩论、艺术家之间的方法论差异，以及参与者各异的态度，共同交织成这一独特的事件。它不仅展现了当时人们对当代性的理解，也反映出其持续的紧张状态与潜在的可能性。[23]

穿透艺术家的目光

在过去的数十年中，博物馆对当代艺术家作品的创新性展示方式做出了回应。首先是他们对"装置"概念的重新诠释。以往，"装置"一词仅用于描述为临时展览或藏品所做的布局设计。如今，越来越多的博物馆开始邀请艺术家参与策划小型专题展，通过展示具有特殊含义的馆藏作品，赋予展览新的生命和意义。伦敦国家美术馆自20世纪70年代末起，便推出了"艺术家之眼"（Artist's Eye）系列展览；与此同时，纽约现代艺术博物馆也在1989年开启了系列展览项目"艺术家之选"（Artist's Choice）。该系列展览从斯科特·伯登（Scott Burden）策划的布朗库西（Brancusi）雕塑底座展拉开序幕，这个系列项目在

MoMA的展览中时兴时衰。到了2009年，第九次展览迎来了维克·穆尼斯（Vik Muniz）的"字谜"（Rebus）展览。此外，自20世纪90年代初，卢浮宫版画与素描部委托非策展人（被称为Parti Pris）实施了一系列独特的策展介入实验，这些举措催生了一系列令人瞩目的原创展览及图录，这些展览和图录均以受邀者提出的理念为探索核心。其中包括雅克·德里达（Jacques Derrida）等哲学家，彼得·格林纳威（Peter Greenaway）等电影制作人，以及詹姆斯·科尔曼（James Coleman）等艺术家。[24]其中，值得称赞的展览有1985年让-弗朗索瓦·利奥塔（Jean-François Lyotard）在蓬皮杜艺术中心策划的"非物质"展览（Les Immatériaux），以及由埃里克·特朗西（Eric Troncy）策划的一系列展览，如"截然不同"（Dramatically Different, 1997）、"万象更新"（Weather Everything, 1998）和"科利斯特"（Coollustre, 2003）。每场策展皆独具匠心，旨在促进艺术、博物馆与公众的全面链接关系，而非迎合某种特定的理念、意识形态或标新立异的视角。

在1992—1993年期间，弗雷德·威尔逊（Fred Wilson）在美国巴尔的摩的马里兰历史学会（Maryland Historical Society）策划的装置艺术展览"挖掘博物馆"（Mining the Museum）打破了原本相对和谐的非对抗性的联盟关系。当时的时代背景尤为重要：罗纳德·里根（Ronald Reagan）倡导的"保守激进主义"受到狂热的共和党和商界领袖的追捧，他们决心用"新自由主义"的口号重塑经济。这种激进主义正在迅速瓦解肯尼迪总统和约翰逊总统倡导的"伟大社会"（Great Society）理念。在诸多方面受到威胁的社会契约中，与非裔美国人达成的社会契约尤其受到威胁。

值得一提的是，该项目的启动时间恰逢1992年在巴尔的摩举办的美国博物馆协会（AAM）年会开幕。我们应该铭记，这样的转折往往是历经数年沉淀的结果。经过数年磋商，美国博物馆协会在1992年推出了《卓越与公平：博物馆的公共维度》（*Excellence and Equity:*

Public Dimension of Museums）重要报告。继史密森尼学会会议之后，又有几部重要出版物问世，包括《展览文化：博物馆展示的诗学和政治》（Exhibiting Cultures: The Poetics and Politics of Museum Display, 1991）和《博物馆与社区：公共文化及展览的政治》（Museums and Comunities: The Politics of Public Culture and Exhibitions, 1992）。[25]当时，博物馆行业已准备好迎接变革。而正是这样一位兼具艺术家与博物馆教育者身份的人，为这场变革赋予了鲜明有力的属性。

威尔逊的装置艺术展并非局限于博物馆的某一小角落，所有作品贯穿了主楼（三层）的八个空间。他的策划思路源于对社会性问题的深刻认识：像历史协会和博物馆这样的文化机构，本应构建全面的社会性叙事框架，尽可能客观地呈现历史资料。然而，在触及具有社会争议的议题时，如美国奴隶制历史，他们却始终未能做到这一点。威尔逊采用一系列策展和展示手段，将博物馆过去淡化处理或被忽略的非裔美国人的故事展现于众。他不仅从仓库中取出多年没有展出过的物品进行展示，对定期展出的艺术品进行重新解读和诠释，并进行带有象征意味的阐释。

参观者进入展厅后，映入眼帘的是"半身像和空底座"（Busts and Empty Pedestals），这组装置艺术作品将一组黑色底座［标有弗雷德里克·道格拉斯（Frederick Douglas）、哈里特·塔布曼（Harriet Tubman）和本杰明·班纳克（Benjamin Banneker）的名字，他们都来自马里兰州，但他们的半身塑像不在馆藏库中］与一组大理石雕刻的杰出白人人物［亨利·克莱（Henry Clay）、拿破仑（Napoleon）、安德鲁·杰克逊（Andrew Jackson）］半身塑像放置在一起并形成鲜明对比。这些半身像摆放在一个玻璃橱柜的两侧，橱柜中摆放着一排空塑料展示架，上面标有"艺术家不详，约20世纪60年代"的字样。最大的展架上放着一个银色地球仪，地球仪上有一个金色压印的"真相"（TRUTH）字样（物品其实是1913年的一个广告奖杯）。在这里，"真

弗雷德·威尔逊,《挖掘博物馆:弗雷德·威尔逊的装置艺术》,马里兰历史学会(MHS),巴尔的摩,1992—1993年。展览现场

相"一词不仅隐喻博物馆通常忽略的那些普遍的社会价值,还暗指伟大的废奴主义者和女权倡导者索杰纳·特鲁斯(Sojourner Truth)。在整个展览中,向观众展示出一个非常值得深思的现象,博物馆和艺术史叙事中都没有提及非裔美国艺术家的名字。展览中,一些被忽略的黑人艺术家,如约翰·约翰逊(John Johnson)所创作的白人家庭肖像画,被摆放在包含黑人奴隶形象以彰显白人社会地位的家族肖像画旁。威尔逊为画中的孩子们添加了录音,让他们与观众对话,提出诸如"我的母亲在哪里?"和"我是你的朋友、兄弟还是宠物?"这类问题。风景画则根据画中黑人人物形象而非描绘的地区名称重新命名。

在一个标有"1793年至1880年的金属制品"(Metalwork 1793-1880)的玻璃柜中,粗糙的奴隶镣铐被摆放在精美的银器水壶、高脚杯和啤酒杯之间。在"1770年至1910年的交通方式"(Modes of Transport 1770-1910)展示区,威尔逊将州长的轿子(需要奴隶搬运)

与一辆婴儿车并列,并在其中放置了一顶三K党头罩。在标有"1820年至1910年的家具制造"(Cabinet Making 1820-1910)的房间里,一组优雅的维多利亚式客厅椅子被摆放在一个绝佳的观赏位置,但边上摆放的是一个1938年曾用于巴尔的摩市监狱的鞭刑柱。威尔逊的批评范围与对象不仅限于非裔美国人,还包括美洲原住民。一排背对着观众的印第安人的雪茄店,面朝着一组拍摄的美洲原住民日常生活的照片,以及一张鸭子诱饵地点地图,他在地图上添加了标有当地印第安部落名称的说明。展览的最后一个房间展示了天文学家本杰明·班纳克的研究成果,以及他在日记里记录的遭受虐待的经历。展览的最后一张图片是班纳克给托马斯·杰斐逊(Thomas Jefferson)总统的一本书中的声明:"亲爱的先生,我坦率欣然地承认自己是非洲裔种族的一员。"[26]

这个展览对世界各地的博物馆从业人员产生了巨大的影响,它至今仍是(至少在美国)将世界的复杂性带入博物馆的典范。该展览的精简版一直展出了8年。2003年,马里兰艺术学院推出的"这对你有什么意义?美国历史就是黑人历史"(What's It To You? American History is Black History)展览,正是对威尔逊展览的直接回应。该博物馆的重建计划将该展览中所传达的理念融入后续的展览,而且博物馆董事会持续吸纳美国黑人和少数族裔成员。

博物馆的介入

威尔逊的项目提升了艺术家担任策展角色的可能性上限。此外,这些项目将展览的性质从单一的"艺术家视角"模式转变为批判性干预模式。在这种转型的过程中,哈克等艺术家接受了重新整理和布置博物馆藏品的邀请,就像威尔逊的装置作品一样,以这种方式揭示了博物馆所依赖的剥削和排斥的现象。1999年鹿特丹博伊曼斯·范伯宁恩博物馆的"视图/观看的问题"（AnsichtsSachen/Viewing Matters）展览，以及2001年在伦敦维多利亚与艾尔伯特博物馆和蛇形画廊联合举办的"给予与获取：汉斯·哈克，混合信息"（Give & Take: Hans Haacke, Mixed Messages）展览中体现得尤为明显。这种批判不仅表现在对收藏和展示艺术品的选择上，还反映在对参与博物馆建设与维护的劳动者（包括艺术家、工人、保管员及策展人）所遭受的排斥与驱逐上。

　　安德烈亚·弗雷泽提出的观点，即对机构的批判不可避免地转变为对制度化的批判，这是被她和许多同行阐述为改革派内在属性所具备的明确功能。[27]此观点认可了历史的演变：艺术作品从利用博物馆作为批判社会不平等的场所（包括博物馆的管理结构及其社会角色所体

安德烈亚·弗雷泽，《博物馆要点：一段画廊演讲》（*Museum Highlights: A Gallery Talk*），1989年，费城艺术博物馆演出现场照片

现的不平等），到转向强调博物馆传统展览实践所维护的神秘性的艺术创作。尽管博物馆作为一个机构已证明其能够进行自我改革，接纳后者，并将这类批判视为艺术史的一个持续阶段（如1999年纽约现代艺术博物馆举办的"博物馆作为缪斯：艺术家的反思"展览所示），然而在处理前一方面却遭遇了更多挑战。此外，许多国家的政治风向右倾，艺术博物馆对财阀精英的依赖日益严重，导致并促进此类变革的形成。

弗雷泽坚持认为，系统之外并无他途。从重要性的角度来讲，这一论断确乎无误，然而，若仅仅从字面上理解，则容易陷入局限。依我之见，她的创作实践实际上展现了一种比她所能明确表述的更为激进的抉择。那种全身心投入到批判机构艺术的反抗型艺术家，他们很可能会被一所乐于自我批判的机构所吸纳（前述提到的务实、灵活）。但是那些保持着一种非乌托邦的、片面的、矛盾的，但同时也是具有批判性的，与一切事物达成共谋关系的艺术家，实际上已然在一定程度上被体制化了。尽管他们也可能以其他方式深入参与，以至于在其本质上无法被彻底同化。虽然弗雷泽自称属于这一类人，她为哈克等艺术家的批判增添了新的维度，通过接受博物馆的邀请进入其中进行批判，不是以一种可以被人忽视的静态形式存在，而是以一个活生生的人的姿态进行批判。没错！她是在进行表演，这一点我们心知肚明。她所展示的，正是她个人的艺术创作。然而，正是表演所具有的鲜明特质，让她得以生动而具体地呈现那些在博物馆中看似无懈可击、轻松自如、毫不费力的"盛景"背后，参与者们的具体工作情况。这些"盛景"出现在庄严肃穆的展厅中，专门用来颂扬那些缺席且被神话化的艺术家（以及具有更深远神话色彩的艺术）的成就。2012年惠特尼双年展她发表了一篇题为《无处似家园》（No Place Like Home）的文章，其中她以锐利的批判眼光指向艺术话语本身并提出了深刻的反思。[28]

总体而言，当制度批判进入展览谱系，尤其是进入博物馆展览范畴时，其批判性往往因被认同、被历史化及改造的过程而逐渐被同化，锋芒日减。在艺术领域内，对体制的批判亦然。部分艺术家完全融入于美术馆体系之中，而有些艺术家，如迈克尔·艾默格林（Michael Elmgreen）与英格·德拉塞特（Ingar Dragset）等人，则创造了一种独特的艺术实践方式，旨在清晰展现与博物馆/美术馆体系的紧密关联，或至少是有趣地展现出这种融合关系。

回顾这段历史，亚历山大·阿尔贝罗（Alexander Alberro）在2009年撰写的《制度批判》（*Institutional Critique*）序言与艾伦·卡普罗所写的序言异曲同工。阿尔贝罗在文中写道：

> 随着艺术机构所秉持的理念，以及其他启蒙运动时期旨在塑造公共主体性的制度理念的破灭，继续在体制批判传统下工作的艺术家们被迫在反思日渐衰落的文化机制与投身于跨越其界限的社会冲突之间做出选择。当前，一些艺术作品正试图将这两种看似不可调和的立场融为一体。[29]

有时"融合"是最具有挑战性的环节。尤其在当下可以看到，艺术家们往往需要与策展人携手，以合作策展的方式共同完成。

作为展览缔造者的艺术家

在马丁·贝克（Martin Beck）、利亚姆·吉利克（Liam Gillick）、多米尼克·冈萨雷斯-福斯特（Dominique Gonzales-Foester）、皮埃尔·于热（Pierre Huyghe）、戈什卡·马瓜（Goshka Magua）、菲利普·帕雷诺（Philippe Parreno）、瓦利德·拉德（Walid Raad）和里克力·提拉瓦尼等艺术家的实践中，他们把展览制作视为艺术实践的第二种模式。每位艺术家均将展览视作其艺术表达的核心媒介，并以各自独特的方式呈现。20世纪90年代末，策展人尼古拉·布里奥将这类

尼古拉·布里奥在泰特美术馆三年展"变现代"（Altermodern）讨论他的《变现代宣言》（*Altermodern Manifesto*），2009年。视频截图，http://www.tate.org.uk/context-comment/video/tate-triennial-2009-altermodern-nicolas-bourriaud（2012年4月访问）

艺术实践命名为"关系美学"。此后，布里奥与其他策展人不断深化这一策展理念，并与艺术家紧密合作，以团队的形式共同实现艺术创作的愿景。这些艺术家专注于揭示日常生活的流动与裂缝，并努力在最恰当的环境中呈现这些流动并揭开裂缝。有时，就像提拉瓦尼的烹饪与餐饮作品一样，这需要将画廊空间改造成餐厅；有时，可能涉及在偏僻之地举办临时活动，正如杰里米·戴勒（Jeremy Deller）所做的作品；或者在品牌空间里进行图像的交流，如于热与帕雷诺的合作作品。而在其他情况下，这意味着博物馆被认为只是具备举办展览的其中一个潜在地点。布里奥在担任巴黎东京宫策展人期间，将博物馆内部装修剥离至极简，使其变成一个类似狂欢场所的混凝土仓库或废弃工厂，从而进一步推广这种观念和实践。

在这些艺术家中，其中一些对视觉语言的兴趣远大于其他艺术家，这种视觉语言不仅广泛应用于博物馆和画廊，还留意其在资本主义文化下的商业领域及其他场景中的体现。利亚姆·吉利克敏锐地察觉到管理思维如何塑造我们的生活，以及我们的生活正被某种预设的思维方式所主导，同时我们又是如何看待自己的思考方式的。吉利克在展览设置中，试图揭示这些思考过程中所蕴含的规范性与模糊性。例如，他借鉴了商业和政府领域在常规渠道无法达成共识时所采用的"情境思考"（scenario thinking）方法，这是一种在想象场景中进行角色扮演、探索可能性的过程。吉利克将这些场景的装饰元素、官方文件和其他随身物品整合在一起，并插入一段模拟讨论的影片，以及他自己探讨作品的文本片段，展示对作品本身进行质疑。通过这种方式，他营造了一个展示环境，让观众洞察到这种集体思考已经发生、可能发生或正在发生的状态。此外，他不仅将这种交流方式的场景移植到日常的休闲环境中，使其展现出多样的形态，还将其拓展至融入类似电影情节的场景。《如果？场景》（*What If? Scenarios*, 1996）和《讨论岛》

利亚姆·吉利克，《一次漫长的散步……两个短小的码头……》（*One long walk...two short piers...*），2010年，德国波恩联邦艺术馆

(*Discussion Island*, 1996)便融合了这些不同的形式。³⁰苏珊娜·科特（Suzanne Cotter）认为，吉利克的系列作品预示了一个全新的领域，艺术创作与策展实践在此交汇，共同扩展了批判性实践的边界。³¹虽然这种说法或许略有夸张，但不可否认，吉利克的模式在当代策展界引起了强烈共鸣。

为了完整起见，也应当提及艺术家作为策展人的另一种模式，即将整个博物馆转变为一件"总体艺术"（Gesamtkunstwerk）作品，或用当代术语来说，成为一个全方位的、饱和式的奇观景观的空间，它有点像是一场华丽摇滚（glam-rock）演出。近年来，鲜有人能够匹敌马修·巴尼（Matthew Barney）在2003年对纽约古根海姆博物馆的全盘改造，当时他展出了作品《悬丝》（*Cremaster*）三部曲，包括表演、电影、视频、装置和雕塑。³²这种新巴洛克式的风格对策展实践产生了多么深远的影响，仍有待我们进一步观察。

作为艺术家的策展人

如果我们将视角拉长，审视这段长达五十年的时期，有一些策展人所付诸的努力能与以艺术家身份去策展的同仁们相媲美，但人数并不多。他们主要扮演准艺术家角色，将博物馆空间当成工作室和艺术理念形成与呈现的场所，或是将其视为来自不同时空（无论是过去还是未来）的博物馆。有时，这些空间甚至超越了博物馆的界限，成为容纳"平行宇宙"的场域。在"策展人即艺术家"这一角色转换中，策展人哈拉尔德·泽曼在诸如"活在你的脑海中——当态度成为形式：作品－概念－过程－情境－信息"（Live in Your Head: When Attitudes Become Form: Works-Concepts-Processes-Situations-Information, 1969）、"真理之山"（The Mountain of Truth, 1978）和"走向'整体艺术'的渴望"（Der Hang zum Gesamtkunstwerk, 1983）等展览中，确实实现了这一理念。策展人作为艺术家的创作方式，体现在宣传展览和布置展厅时鲜明地表达个人观点，使得策展人的思考成为观众感知体验中的一个重要元素。这种方法把展览本身视为一件持续演进的作品，它不仅随着参展艺术家的更迭和作品随时间流逝的自然演变而焕发新生，也随着观众互动参与而不断丰富。同时，策展人对传递理念的不懈追求也促使展览内容持续进化。临时性与时效性，如同其内涵，成为展览不可或缺的组成部分。

在很大程度上，这些举措背后的影响因素是历史上残留的固化形象。19世纪中叶的浪漫主义时期将艺术家视为孤僻的、灵感迸发的天才，这一相对传统甚至带有民粹主义色彩的观念，为上述举措提供了原由。颇具讽刺的是，当时众多视觉艺术家正试图摆脱其职业的刻板印象，转而追求一种更为超然的专业态度。而在欧洲戏剧和电影领域，情况则大相径庭，或许"导演剧场"和"自创电影"对泽曼来说同样具有启发性？[33] 艺术创新在时间限制下成为反思临时展览理念的一个标杆，这并不令人惊讶。同样，艺术媒介间那种狂热的交流与融合，即跨媒介的互动，对展览形式产生深远影响，也似乎在情理之中。这些变化在策展实践中持续引发共鸣，使得艺术品与展览之间的界限日益模糊，彼此日趋相似。

然而，身份共享并非等同于千篇一律，尤其是在20世纪60年代以后，艺术实践的多样性迅速扩展。若将"进行中的作品"这种公开的戏剧化展览方式视为临时展览的前沿策展趋势，那么另一种截然不同的模式则成为长期展览的典范。极简主义艺术家如唐纳德·贾德（Donald Judd），在策划、执行和展示其"作品"的过程中，将细致入微、审慎严谨、技艺高超的工匠精神奉为道德典范，这也催生了一种独树一帜的策展流派。正如贾德在得克萨斯州马尔法对自己及其他艺术家的作品装置进行策展监督时所体现的，他制定了一系列原则，旨

唐纳德·贾德,《100件无题铝制作品》(*100 untitled works in mill aluminum*), 1982—1986年, 铝制品, 104.1厘米×129.5厘米×182.9厘米

在通过消除作品与观众之间的所有干扰,尊重艺术家的创作意图,并最大化地提升观众的体验。这些原则不妨视为一种道德上的准则。

在作品抵达所在之处前,需要经历一段旅程,耗费宝贵时光并克服一些困难。这个空间应专为展示该作品或其同类而设,不容其他艺术形式或任何杂质侵犯。每件作品都应在为其量身定制(或精心改造)的环境中独立呈现,且要求在特定时段内展示(理想情况下是永久展出)。离开这个空间时应该与进入时的体验相一致,它应该是绝对开放的,不受任何其他经验限制。这个过程中的每一步都应该保持透明,并且始终清晰易读。整个过程应该以沉稳、直接的方式推进,摒弃一切杂念。此处没有纷扰,没有杂音;唯有作品,唯有你,以及……

这些程序宛如一套独立完整的仪式,剔除了一切冗余的外表。实际上,它们的核心宗旨只有一点:促成一种不可言说的体验。展览中的每一环节均展现出鲜明的结构对称性,致力给观众营造一种前所未

艺术家作为策展人 / 策展人作为艺术家

有的观感。通过这种过度明确的风格来呈现特定物品，旨在以一种既矛盾又恰到好处的方式，传递那种难以名状的感官体验。

极简主义的策展理念在欧洲众多小型专题博物馆中尤为突出，诸如沙夫豪森的新艺术馆（Hallen für Neue Kunst），以及因瑟尔·霍姆布洛奇基金会（Insel Hombroich）的穆勒藏馆（the Müller collection）。在美国，自迪亚基金项目（the Dia project）启动以来，这一理念始终居于其核心位置。尽管在现任馆长菲利普·维尔涅（Philippe Vergne）的领导下，该项目似乎正经历重大调整，但其对精选艺术家作品的承诺依然坚定，这些项目需要大量的投资和在博物馆或画廊环境之外的特定场地进行永久维护。自1987年至2009年，纽约切尔西艺术区的迪亚基金会展览馆遵从着贾德的策略理念：一位艺术家，一层空间，一年时间。迪亚比肯美术馆（Dia: Beacon）提供精心设计的长期展示空间，专门用于展示迪亚旗下长期合作的艺术家的一件或一组作品，以及这些艺术家的临时展览。这些临时展览同样以精心策划和低调内敛的风格呈现。[34] 这种将简约固定结构与外部元素自由流动两种模式相结合的做法，在世界各地的博物馆中得到了广泛采纳，尤其是在展示当代的艺术作品时。与像策展人泽曼那样高度表演化的策展人不同，这种风格的实践者中很少有人会成为"明星策展人"（类似于"明星建筑师"）。尽管有些策展人，如目前在索菲亚王后艺术中心博物馆的林恩·库克，多年来一直在迪亚艺术基金会担任这一角色，并受到业界高度尊重。

策展人并非艺术家

罗伯特·斯托尔一针见血地指出，当策展人将本质上应该是相互尊重的艺术展与故事讲述的方式进行交流，生硬且机械地照搬到不同公众场合时，所引发的困惑难免会产生误解。

在当今的环境下，许多策展人对与艺术家之间的关系存在着既低估又高估的矛盾态度。这种迷茫恰好映射出他们职业生涯的当下状态。一方面，他们的行为违背了他们所知道或应该知道的一切，好像艺术家总是正确的；另一方面，在放弃专家权威的同时，他们又会在其他活动中宣称自己本质上也是艺术家，理应获得特别的尊重。然而，策展人并非艺术家，在基于共享信息与热情的互动中，将尊重与嫉妒交织在一起，这种倾向并不健康。[35]

这是一个及时的提醒，它指出了一个常见的逻辑误区：将"表现得像x"误解为"成为x"，也就是"与x完全相同"。如果正如我一直在论证的观点那样，即策展活动是在展览实践与制作需求的范畴内进行的深思熟虑，那么任何这样做的人，包括艺术家在内，都可以被视为策展人。艺术家应致力于发展其独特且具有自身特征的策展风格，这种风格与他们创作的艺术作品保持某种内在的统一性。他们的策展手法或许与当代其他策展人有着相似之处，或许也能在某些早期艺术家的实践中找到共鸣，在这其中存在诸多共通之处。但总体而言，他们的工作在多数情况下更接近于策展人在相似情境下所做的工作内容和方式方法。

特别是在当下，艺术机构正深入探讨策展人与艺术家在过去五十年间发展出来的一种新型关系——策展人如何作为艺术家表达自我，艺术家又如何承担策展人的角色。这两者之间原本就充满变数的职业之间正在趋向融合，发展成为一种新的趋势。与其陷入将二者混为一谈的误区，我们是否看到正在走近这样一种局面：策展人将与艺术家密切合作，反之亦然，而不是坚持几个世纪以来一直存在的非此即彼、始终不平等的关系？

从历史中回看，早期的理想主义制度批判已不动声色地渗透到了艺术机构中。这种潜移默化的过程，源于观众对艺术家最新创作的期待，以及博物馆馆长和策展人孜孜不倦地维护他们与公众之间的"默契约定"。在博物馆的语境下，这种约定犹如剧场中的"第四面墙"，是一种心照不宣的默契：艺术被视为无可替代，它是眼前的风景，可近观而不可亵玩。即便是标新立异的机构策展人，也难以像威尔逊和其他激进的艺术家那样，公然挑战观众的认知。在当前公众认知的框架内，或者更直白地说，在将博物馆观众简化为纯粹经济指标的考量下，他们已经无力改变这一点。这种现状掩盖了许多事实，例如受到激进艺术家和独立策展人的影响，在机构内部所进行的批判性工作几乎变得无人问津。策展人与艺术家相互成就的开创性展览已成为佳话，而这些机构内部的改革成果，在某种程度上已重塑了众多艺术机构的面貌，这些背后的内部的故事仍待被讲述，被更多人了解。

也许策展人与艺术家融合最重要的潜力是两种身份之间进行交流的创新性模式。所有这些方法的深层伦理意义在于，从根本上讲，艺术家在某种程度上是艺术机构的"局外人"，一个表面上全力投身于独特创造的"异乡者"，一个在城市本质中承载着他者身份的客人。那么，当代策展是否也追求这样的角色，渴望一种既为局外人又为局内人的双重身份？越来越多的策展人由于主动选择或环境使然，在主流艺术展览机构之外，在企业和私人收藏领域之外，开拓了自己的天地。当然，这种"局外人"的形象会合并，但问题仍然存在：巴苏阿尔多指出，大型展览与博物馆之间的关联，以及双年展与整个艺术体系之间的联系，是否同样具备颠覆传统的潜力？无论你身处展览空间的哪个角落，能否同时扮演改革者、批判者和外来者的角色？这难道不是当代性向我们提出的最紧迫的课题吗？

1 Allan Kaprow and Robert Smithson, "What is a Museum? A Dialogue," 1967, in Alexander Alberro and Blake Stimson, eds., *Institutional Critique: An Anthology of Artists' Writings* (Cambridge, Mass.: MIT Press, 2009), 58.

2 布鲁泰尔斯有意识地展示多时空背景（他称之为"décors"），并在晚年策划了一系列"回顾展"，对早期的许多材料进行了重新加工，这与当代策展人的工作产生了许多共鸣。如需了解详情，请参阅 Cathleen Chaffee, "Situating Michel Broodthaers's FinalExhibitions," *Manifesta Journal*, no. 7 (2009/2010): 40–49.

3 Rebecca DeRoo, *The Museum Establishment and Contemporary Art: The Politics of Display in France After 1968* (New York: Cambridge University Press, 2006).

4 对侏罗纪科技博物馆最好的介绍仍然是劳伦斯·韦施勒（Lawrence Weschler）的《威尔逊先生的奇迹内阁》（*Mr. Wilson's Cabinet of Wonder*, New York: Pantheon, 1995）。其他此类博物馆，最近的是后自然历史中心，该中心于 2012 年 3 月在匹兹堡开放，是理查德·佩尔（Richard Pell）的心血结晶，他自称是"后自然生物的策展人"，http://www.postnatural.org/index.php。

5 Peter Wollen, *Raiding the Icebox: Reflections on Twentieth Century Culture* (Bloomington: Indiana University Press, 1993), 168. 展览的实际标题是"与安迪·沃霍尔一起突袭冰室 1"（*Raid the Icebox 1 with Andy Warhol*）。它取自 RISD 博物馆的拱顶，首先在得克萨斯州莱斯大学和艾萨克德尔加多博物馆（现为新奥尔良艺术博物馆）展出，最后一次于 1970 年 4 月至 6 月在 RISD 展出。

6 参见 Hans Haacke, *Framing and Being Framed: 7 Works, 1970-75* (Halifax: Nova Scotia College of Art and Design, 1975).

7 Hans Haacke, "Museums, Managers of Consciousness," 1984, in Alberro and Stimson, *Institutional Critique*, 276–88.

8 有关"1968 年之旅"的声明，以及这些项目的相关描述，请参阅 Ana Longoni, "Action Art in Argentina from 1960: The Body (Ex)posed," in Deborah Cullen, ed., *Arte ≠ Vida: Actions by Artists of the Americas 1960–2000* (New York: El Museo del Barrio, 2008). 另见 Luis Camnitzer, "Art and Politics: The Aesthetics of Resistance," 1994, in *On Art, Artists, Latin America, and Other Utopias*, ed. Rachel Weiss (Austin: University of Texas Press, 2009).

9 Frederico Morais. "Chronocollage": Rio de Janeiro, 1967–1971 in Fundación Marcelion Botin. Río Experimental mas alla del arte, el poema y la accion. Santander: Fundación Marcelino Botin, 2010.

10 Mel Ramsden, "On Practice," 1975, in Alberro and Stimson, *Institutional Critique*, 170–99.

11 同上，第 176–177 页。

12 参见 Terry Smith, "Art and Art & Language," *Artforum* 12, no.6 (February 1974): 49–52.

13 Terry Smith, ed., *Art & Language Australia* (Banbury, U.K.: A & L Press, 1976); Sandy Kirby, ed., *Ian Burn, Art: Critical, Political* (Nepean: University of Western Sydney, 1996); Bruce Barber, ed., *Condé and Beveridge: Class Works* (Halifax: The Press of the Nova Scotia College of Art and Design, 2008).

14 Art & Language, *Confessions: Incidents in a Museum* (London: Lisson Gallery, 1986); and *Art & Language: The Paintings* (Brussels: Société des Expositions du Palais des Beaux-Arts, 1989). 该系列中的两件作品于 1999 年 3 月至 6 月在纽约现代艺术博物馆展出。

15 David Freedberg and Joseph Kosuth, *The Play of the Unmentionable: An Installation at the Brooklyn Museum by Joseph Kosuth* (New York: New Press, 1992).

16 Chaffee, "Situating Michel Broodthaers's Final Exhibitions," 42.

17 Joseph Kosuth, "The Play of the Unsayable: Preface and Ten Remarks on Art and Ludwig Wittgenstein," 1989, in Joseph Kosuth, *Art After Philosophy and After: Collected Writings* (Cambridge, Mass.: MIT Press, 1991), 249. 几年后，阿兰·巴迪欧（Alain Badiou）对维特根斯坦的计划有了

完全相同的理解。参见 *Manifesto for Philosophy* (Albany: State University of New York Press, 1999); *Wittgenstein's Antiphilosophy* (London: Verso, 2011). 安丁是一位"谈话诗人",他的作品在很大程度上归功于概念主义,他得出了同样的结论。参见他 1998 年的文章 "Wittgenstein Among the Poets," in David Antin, *Radical Coherency: Selected Essays on Art and Literature 1966-2005* (Chicago: University of Chicago Press, 2011), 305–30.

18 Kosuth, "The Play of the Unsayable," 250.

19 Jean-Hubert Martin, "The Musée Sentimental of Daniel Spoerri," in Lynne Cooke and Peter Wollen, eds., *Visual Display: Culture Beyond Appearances* (Seattle: Bay Press, 1995), 56.

20 参见 Jean-Hubert Martin, *Magiciens de laterre* (Paris: Musée national d'art modern—Centre Pompidou, 1989), 12–13. 此目录汇集了马尔丹的序言,一部别具一格的"无墙博物馆"专题作品,内含经典的殖民时期图像,并逐一介绍了每位参展者的标准简历。这本小巧的日志引导观众穿梭于十六幅充满想象的图解之中,精炼地展现了策划展览的独到理念,为理解整个展览提供了极具启发性的视角。

21 "The Whole Earth Show: An Interview with Jean-Hubert Martin by Benjamin H. D. Buchloh," *Art in America* 77, no. 5 (May 1989): 150–213.

22 Gerardo Mosquera, "The Third Bienal de La Habana in its Global and Local Contexts," 2009, in Rachel Weiss et al., *Making Art Global (Part 1): The Third Havana Biennial 1989* (London: Afterall, 2011), 73.

23 这些讨论详见 Rachel Weiss, "A Certain Place and a Certain Time: The Third Bienal de la Habana and the Origins of the Global Exhibition", in Weiss et al., *Making Art Global*, 14–69. 这本书是系列丛书的第一册,下一册将重点介绍"大地魔术师",书中还收录了查尔斯·埃舍的重要介绍,1989 年目录中的文章、会议论文,对部分艺术家和策展团队的采访,以及评论。精彩纷呈!最深入的研究是 Miguel Rojas-Sotelo, "Cultural Maps, Networks, and Flows: The History and Impact of the Havana Biennale 1984 to the Present" (Ph.D. diss., University of Pittsburgh, 2009). 另见 Luis Camnitzer, *New Art of Cuba* (Austin: University of Texas Press, 1994); Rachel Weiss, *To and From Utopia in the New Cuban Art* (Minneapolis: University of Minnesota Press, 2011). 关于我对 2003 年双年展的解读,见《什么是当代艺术?》第九章。

24 Jacques Derrida, *Memoirs for the Blind: The Self-Portrait and Other Ruins* (Chicago: University of Chicago Press, 1993); Peter Greenaway, *Flying Out of This World* (Chicago: University of Chicago Press, 1994); 关于詹姆斯·科尔曼联合策划的 2003 年达·芬奇素描和手稿展,参见 Lynne Cooke, "In Lieu of Higher Ground," in Marincola, *What Makes a Great Exhibition?*, 40–41.

25 Ivan Karp and Steven D. Lavine, eds., *Exhibiting Cultures: The Poetics and Politics of Museum Display* (Washington, D.C.: Smithsonian Institution Press, 1991); and Ivan Karp, Christine Mullen Kreamer, and Steven D. Lavine, eds., *Museums and Communities: The Politics of Public Culture and Exhibitions* (Washington, D.C.: Smithsonian Books, 1992).

26 对此次展览的最早回应详见 Judith E. Stein, "Sins of Omission : Fred Wilson's Mining the Museum", *Art in America* 81, no.9(October 1993):110-15. 另 见 Lisa Corrin and Fred Wilson, *Mining the Museum: An Installation* (New York: New Press, 1994). 威尔逊对自己经历的报告,包括对当代美术馆馆长和策展人的慷慨致谢,感谢他们邀请他到这里来谈论他对装置艺术的愿景,见 "A Change of Heart: Fred Wilson's Impact on Museums," http://www.vam.ac.uk/content/videos/a/video-a-change-of-heartfred-wilsons-impact-onmuseums/。当时,艺术家们对档案产生了广泛的兴趣。挖掘是进入此类空间最明显的隐喻。见 Hal Foster, "An Archival Impulse," *October*, no. 110 (Fall 2004): 3–22; 以 及 如 "Mining the Archive," *Artlink* 19, no.1 (1999), guest editor Zara

Stanhope, http://www.artlink.com.au/issue.cfm?id=1910.

27　Andrea Fraser, "From the Critique of Institutions to an Institution of Critique," *Artforum* 44, no. 1 (September 2005): 278–83. 有关她的表演记录，见 Alexander Alberro, ed., *Museum Highlights: The Writings of Andrea Fraser* (Cambridge, Mass.: MIT Press, 2005).

28　Andrea Fraser, "No Place Like Home," in Jay Sanders and Elisabeth Sussman, eds., *Whitney Biennial 2012* (New York: Whitney Museum of American Art, 2012), 28–33. 可在线下载 http://whitney.org/Exhibitions/2012Biennial/AndreaFraser.

29　Alexander Alberro, "Introduction," in Alberro and Stimson, *Institutional Critique*, 18. 还可参见 John C. Welchman, ed., *Institutional Critique and After* (Zurich: JRP/Ringier, 2007); Gerald Raunig and Gene Ray, eds., *Art and Contemporary Critical Practice: Reinventing Institutional Critique* (London: mayfly, 2009).

30　Liam Gillick, "*The What If? Scenarios,*" http://www.liamgillick.info/home/work/projects-and-work-5/the-what-if-scenarios.

31　Suzanne Cotter, in Craig Garrett, ed., *Defining Contemporary Art—25 Years in 200 Pivotal Artworks* (London: Phaidon, 2011), 198.

32　我在《什么是当代艺术？》的第八章中详细讨论了这次展览。

33　多萝西娅·冯·汉泰尔曼（Dorothea von Hantelmann）指出，泽曼在从事策展工作之前有戏剧背景。参见 "The Curatorial Paradigm," in *The Exhibitionist*, no. 4（June 2011）: 6. 丹尼尔·布伦（Daniel Buren）说，到了 20 世纪 80 年代后期，泽曼给自己贴上了"博览会制作人"（auteur d'exposition）的标签。见 Daniel Buren and Wouter Davidts, "Teaching without Teaching," in Paul O'Neill and Mick Wilson, eds., *Curating and the Educational Turn* (London: Open Editions / Amsterdam: De Appel, 2010), 221. 还可参见 Florence Derieux, *Harald Szeemann: Individual Methodology* (Zurich: JRP/Ringier, 2007); Tobia Bezzola and Roman Kurzmeyer, *Harald Szeemann: With by through because towards despite: Catalogue of All Exhibitions 1957-2005* (Zurich: Edition Voldemeer, 2007); Christian Rattemeyer et al., *Exhibiting the New Art: Op Losse Schroeven and When Attitudes Become Form*, 1969 (London: Afterall, 2010).

34　我在《什么是当代艺术？》第二章中详细讨论了迪亚项目。

35　Storr, "Show and Tell," 17.

·4·
策展当代性

我自己对这一领域的定义或多或少是凭直觉（即我在画廊和当代艺术博物馆所见所闻，以及我在期刊和网络上所读到的相关内容不断筛选出来的集合）。

彼得·普拉根斯（Peter Plagens）
《当代性艺术》（The Art of Being Contemporary），
选自《美国艺术》（Art in America），2010年12月

艺术的目的就是一次性全部呈现。

安尼什·卡普尔（Anish Kapoor）
《云门》（Cloud Gate）草图旁的笔记，2004年

在当今的艺术话语的讨论中,"当代性"这一概念似乎无处不在,但随之而来的一些误解应当被及时纠正。一个主要的误解在于,若我们将当前的"当代"形态或"紧跟时代"的特征视为对当下整体的描述,便陷入了误区。或正如普拉根斯提出的无暇深思的观点,拒绝任何概括性的观点,从而默认了一种无所不能的多元主义规则。无论是全盘接受还是置之不理,"当代性"同时蕴藏了两项截然相反的任务:它接受看似最符合时代潮流的事物,仿佛其决定了当前和最近即将到来的某种可能性;同时对于构成这种"前沿性"的要素,它又坚持采取含糊不清的态度。"实用主义"希望可以根据不同情况进行具体选择,但正如阿甘本所警告的那样,盲目的当代性将两者同时付诸实践。从而导致对可能性的开放被排除在外,这本应成为当代性的主要特质,而一种孱弱的、无意识的"当下主义"却大行其道。对于深陷其中的人来说,"当下主义"式的当代性或许看起来充满活力与生机,但缺乏强力干预和墨守成规的模式始终会成为困扰它的主要原因。

这一点在时尚界体现得最为明显,具有创新性的新品出现后,没过几天就会被大量拙劣的模仿品所淹没。这个行业的最大问题就在于不断重复这种循环。艺术话语中的情况本应恰恰相反,但"当代"一词的使用却明显造成了类似的混乱局面。在我看来,这个词让人联想到一种循规蹈矩,或往好了说是冷静地共谋,这种氛围与时尚界所弥漫的情绪如出一辙。威廉·吉布森(William Gibson)的《零历史》(*Zero History*)对这两种情况之间的相互影响进行了有趣的反思,而

Lady Gaga正在进行的项目则是更强烈地表达这种观点。诚然，在边缘地带，这种情绪与真正的"当代性"几乎没有区别，但随着两者之间的距离拉大，差异也随之增大，直至变得巨大，继而完全不同。2009年《十月》（October）杂志发布的"关于'当代性'的调查问卷"就隐含着这种区别，从导语的摘录中可以看出这一点：

> "'当代艺术'并不是一个新类别，其真正的新意在于当下的艺术实践似乎不受历史规约、概念界定和批判性的束缚，而呈现出一种自由漂浮的状态……与此同时，看似有点自相矛盾的是'当代艺术'本身已成为一种制度性的客体……这种自由漂浮的状态是真实的还是想象的？"[1]

34位受访者中只有3位以策展为主要职业，他们中的许多人并没有意识到"花里胡哨的当代性"与"深刻的当代性"之间的区别。几乎每个人都受到当代艺术的表面形式所影响，同时都似乎倾向于等待当代艺术降临，试图通过某些艺术家、收藏家和画商的视角来反映当下。策展人作为议题设定者的角色正在淡化，批评家几乎完全退缩到艺术评论家和记者的角色中，而大多数艺术史学家似乎满足于在一旁徘徊，等待描述事件结果。这一现象既不健康，也不利于艺术的发展。

另一个同样严重的错误是认为"当代"一词只适用于当下。卡普尔的言论在某种层面上是一种无益的普遍主义倾向，但在另一种层面上，他断言艺术必须依附于自身时代，肯定了每件特定艺术作品对我们（每个观众）的时代所提出的要求。如果我们与艺术家是同时代人，那么艺术作品就会以我们的时代，即我们共同的时间性的名义向我们提出要求。如果我们与艺术家不是同时代的人，艺术品就会寻求与过去的或想象中的其他时间产生共鸣，尽管这种共情是片面的、暂时的，但仍然是有价值的。这些交流在特定的时间、特定的地点以特定的方式进行，它们始终如此，也将永远如此。

如今,"当代性"在定义当代生活方面比历史决定性更为有力,它包括真实的现在、作为记忆的过去和作为期待的未来。因此,它也是我们不再完全处于"现代"的关键标志之一。然而,当代性的这些特质并不局限于今天,其当前形式也不能被回溯推演,否则就会陷入误导性的时代错置。自人类意识诞生以来,就一直存在着特定的当代性,每种当代性都需要确定其时间和地点。在非洲各地的洞穴中,有些红赭石颜料可以追溯到16万年前,即早期智人时代,这或许标志着人类开始意识到时间上的差异。最近有消息称,在南非的布隆伯斯洞穴(Blombos Cave)中发现了掺有哺乳动物骨髓中脂肪的赭石颜料,以及贝壳容器和用于捣碎、研磨的石器,这些器物距今有十多万年[2]。肖维岩洞(Chauvet-Pontd'Arc Caves)中的成套绘画作品的年代距今约为三万至三万四千年,它们可能是由几位"艺术家"单独创作或作为小团体的一员创作的,但创作时间却相隔五百至数千年。这种特定的作者身份打破了我们先入为主的观念,即认为这类图像被视为完全具有普遍性或集体性起源的原始化偏见[3]。这段话传达的核心信息指向"当代性"并非无根之木,而是拥有自己的历史脉络,当代性的历史也许是许多段相关联的或是不相关的碎片。这些历史与其他文化形态的历史并置,譬如传统的、变革的或是日常性的历史,抑或是媒介的历史、多种关系的历史、性的历史。在寻求理解过往当代性的过程中,艺术策展的任务非常艰巨,就像艺术史研究或者前瞻性的艺术批评一样,这种探寻显然超越了艺术的范畴,扩展至各类策展活动和一般性的历史研究领域。

意识到当代性的历史性和时间复杂性是克服狭隘观念的关键一步,这种狭隘观念认为当代策展必须关注当代艺术、当代艺术界或某种模糊的"时代需求"。策展绝不应该将"当代性"的假定优先用于简单套用在当下或过往的艺术作品的展示。真正的挑战远比这更有趣。我将通过回顾一些展览案例来加以说明,这些展览探索了艺术过往中实际存在的"当代性"的表现。可以发现，许多主要城市和地区的博物馆、大学美术馆和当代艺术空间工作的策展人，正在描述晚期现代艺术如何转向为当代艺术的多元路径。这是一项浩大的集体工程，似乎是在当代展览体系内部进行的一种历史性反思。

展示历史中的当代性

近年来，许多被公众关注艺术展览都是对上述观点进行探索的贡献者。虽然这些展览常常看似源于个体的主动性、捐助者的兴趣或作为常规策展的补充，却也频频回应真实而迫切的社会需求。这类展览在美术馆、画廊或艺术空间的常规展览或艺术活动中显得尤为突出：对过去和当代艺术的主要趋势进行综述，譬如风格、媒介、主题，在适当的时间举办回顾展并推介年轻艺术家。毋庸赘言，持续举办这类轮换藏品、丰富历史记录并认可在世艺术家作品的展览仍然是策展的核心职能，应该继续受到重视。与此同时，特别是自20世纪80年代以来，各类博物馆不得不应对当代艺术市场的繁荣，从数量上看，展出当代艺术作品已成为全球大多数策展实践的主要任务。然而，我们不应忽视的事实是，这种对当下热点的关注伴随着迫切的社会期望，即重新审视被压抑、未知或被遗忘的"当代艺术前史"，这一行动的目的是追问为何会被遗忘，并探寻早期的宝贵见解如何能够重新塑造与当下的关系，并赋予当下意义。关注那些刚刚经历过的时期，探索其在完全脱离当下且未被作为"复古"之前进行研究，实际是关注一种无意识却自然存在的记忆鸿沟，尽管这种鸿沟通常隐藏不显，其影响却在当下回响。虽然我将列举一些在大型博物馆举办的大型回顾研究展，但这种迫切的期望可以在各类展览空间、艺术场所和活动中有所体现。例如，2010年在多伦多大学的校园画廊举办的展览"交通：加拿大的观念艺术1965—1980"（Traffic: Conceptual Art in Canada 1965-1980）就是一次大胆尝试，旨在重新思考整个国家的近代艺术史。有时这种迫切的期望可以席卷整个城市的艺术界，正如展览"太平洋标准时间：1945—1980年的洛杉矶艺术"（Pacific Standard Time: Art in L.A. 1945-1980），在2011年到2012年间几乎覆盖了整个洛杉矶。

或许这类展览中最有影响力的是那些重新审视女性主义艺术或女性艺术历史的展览，这些展览试图将作品内容直接或暗示性地与当时和现在的当代情境联系起来。一些展览聚焦于国家层面，但展览内容中大多具备国际化元素。包括中国台湾首届国际女性艺术节"女性、艺术与科技"（Women, Art and Technology，中国台湾，2004年）、"生活真谛"（Life Actually，日本东京，2005年）、"艺术女性主义"（Konstfeminism，瑞典赫尔辛堡，2005年）、"亲亲砰砰"（Kiss Kiss Bang Bang，西班牙毕尔巴鄂，2007年）、"怪诞!艺术和女性主义革命"（Wack! Art and the Feminist Revolution，美国洛杉矶，2007年）、"全球女性主义"（Global Feminisms，美国纽约，2007年）、"仁川女性艺术双年展"（the Incheon Women Artists Biennial，韩国仁川，2007年、2009年、2011年）、"叛逆者"（Rebelle，荷兰阿纳姆，2009年）、"性别审视：东欧艺术中的女性特质和男性特质"（Gender Check: Femininity and Masculinity in the Art of Eastern Europe，奥地利维也纳，2009年）、"作为武器的意志：回顾1970—1980"（Med Viljann ad Vopni: Endurlit 1970-1980，冰岛雷克雅未克，2010年）、"20世纪70年代维也纳费尔班特收藏中的前卫女性主义"（Donna: Avanguardia Femminista Negli Anni'70，意大利罗马，2010年）、"女神"（Goddesses，挪威奥斯陆，2010年）和"她们在蓬皮杜中心"（elles@centrepompidou，法国巴黎，2009—2011年）。希拉里·罗宾逊指出，这些展览有四个共同特质：

首先，这些展览都声称是回顾性研究展，与同期举办的许多主题性女性主义展览或女性艺术展有所不同,如"到行动的时候了"(It's Time For Action,艾米丽·戴维斯画廊,俄亥俄州阿克伦大学,2006年10月至12月)。其次,这些展览都与女性主义思想有关联,无论是在展览的策展动机中,还是在所选的艺术作品中,抑或是在展览图录衍生品中有所体现。再次,这些展览举办之时,正值女性主义运动逐渐成为历史研究主题的时期,其学术的研究性正在被书写,并在艺术界开始被经典化。许多参展作品创作于当今艺术专业学生出生前二十年左右,与此同时,许多创作这些作品的艺术家在展览举办时仍然在世并持续创作新作品。最后,这些展览都是在重要的国家级或地区级美术馆或画廊展出。[4]

这些展览还反映出一个事实:自20世纪70年代倡导女性主义以来,产生了显著的变化和影响,活跃的女性艺术家比例显著增加,但在总体质量上却未见明显提升,一些艺术机构与组织架构仍然像其他领域一样,受到反对女性主义的冲击,并维持着原有的运作模

弗拉多·马尔泰克(Vlado Martek),《NEĆU(我不想要他)》(I Don't Want It),1979年。展览图录封面,展览名称为"性别审视:东欧艺术中的女性特质与男性特质,维也纳现代艺术博物馆路德维希基金会(MUMOK, Museum Moderner Kunst Stiftung Ludwig Wien),2009年11月13日至2010年2月14日,策展人:博雅娜·佩吉(Bojana Pejić)

式。在纽约地区，布鲁克林博物馆的伊丽莎白·萨克勒女性艺术中心（Elizabeth A. Sackler Center for Feminist Art）便是一个积极的例证；同样，MoMA的现代女性项目（Modern Women project）也发挥了积极作用，该项目促成了女性艺术家绘画、版画和摄影作品的大型展览，并推动更多的女性艺术家作品在更多展览中展示，如"在线：穿越二十世纪的绘画"（On Line: Drawing Through the Twentieth Century, 2010-2011），展览中女性艺术家的贡献占据主导地位。同样的模式也出现在瑞典斯德哥尔摩当代艺术博物馆，馆长丹尼尔·伯恩鲍姆（Daniel Birnbaum）决定在该馆的常设展和临时展览中优先展示女性艺术作品。我在2011年9月参观期间，"另一个故事：当代艺术博物馆馆藏摄影作品"（Another Story: Photographs from the Moderna Museet Collection）展中大多数是女性摄影师的作品，改变了通常以标志性影像为主的历史回顾展的基调和质感。这样的展览使一些公众不熟知的卓越艺术家的价值得以显现，如伊娃·克拉松（Eva Klasson），她们的作品在艺术方面非常具有价值，但在公众视野却鲜为人知。

同时，我们也应该关注那些并非显而易见但具有包容性、融合性的实践项目。MoMA于2010—2011年举办的展览"纽约的抽象表现主义"（Abstract Expressionist New York, 2010-2011）给策展人带来了许多挑战。出于历史准确性的考虑，他们必须如实记录当时男性艺术家主导的艺术风气，以及女性艺术家相对被忽视的现状。然而，他们也需要反映出对女性艺术家的作品在后续进行重新评价，以及对某些男性艺术家作品中暧昧、多变的性别意识所产生的新识。策展团队以一种巧妙的方式处理了心理和时间的层次关系。展览并没有将李·克拉斯纳（Lee Krasner）、琼·米切尔（Joan Mitchell）等人的作品简单地与波洛克（Pollock）、德库宁（de Kooning）、斯蒂尔（Still）、纽曼（Newman）和克莱恩（Kline）的代表性作品并列展示，而是带领观众从一间充满"雄性"作品的房间进入下一个主要展厅，展厅中克拉斯纳的一幅重要作品单独挂在正对面的墙中间,并奠定了整个展厅的基调,两侧是米切尔和弗兰肯塔勒(Frankenthaler)的作品,这些作品在德库宁、莱斯利(Leslie)、特沃科夫(Tworkov)等低调展示作品的氛围中展现其独特性。这种展览节奏既揭示了当时存在的差异,尽管这些差异可能显得令人不快,同时也让我们看到这些作品对当下提倡的多样性所做出的贡献和价值。[5]至于当前对女性艺术家的关注能否在初始资助结束后持续下去,仍有待观察。正如我提到的,MoMA正致力于从"现代艺术博物馆"转型为一个完全以当代艺术为核心的博物馆。策展人萨宾·布赖特韦泽(Sabine Breitwieser)解释博物馆最近购入瓦莉·艾丝波特(Valie Export)和玛莎·罗斯勒(Martha Rosler)于20世纪60年代到70年代创作作品的原因:"她们的思想在今天依然如此鲜活。"[6]

与其他所有批判性视角一样,女性主义的兴盛源于对机构和体制的批判,追求的是结构性变革,而不仅仅是在他人既定的框架中谋求一席之地。历经四十年的不懈抗争,女性主义已取得显著成就,并涌现了一批杰出的实践者,女性主义策展的历史脉络逐渐清晰可见。然而,当下的抗争与20世纪70年代相比截然不同,如何准确界定并应对当今新语境下的挑战,已成为一个亟待解决的紧迫问题。[7]

艺术展览在20世纪50年代不结盟运动中形成的反殖民和民族解放斗争中发挥了重要作用,尽管这些展览在20世纪80年代之前只偶尔出现在艺术语境中。从那时起,去殖民化已逐渐成为推动全球社会、政治和文化变革的驱动力之一。各大美术馆的回顾性展览和双年展本身已成为展示和探讨这种世界变革力量的重要媒介载体。去殖民化趋势在"大地魔术师"(巴黎,1989年)和"另一个故事"(伦敦,1989年)等展览中已初见端倪,随后在"移动中的城市:21世纪之交的亚洲当代艺术"(Cities on the Move: Contemporary Asian Art at the Turn of the 21st Century,多个展览地点,1997—1999年)和"全球观念艺术:

起源点，20世纪50年代至80年代"（Global Conceptualism: Points of Origin, 1950s–1980s，纽约，1999年）等展览中愈发清晰，并在第11届文献展（全球各地平台，2000—2002年）中成为颠覆游戏规则的关键力量。第11届文献展的准备工作可以追溯至奥奎·恩维佐早期的展览路径，包括"贸易路线：历史与地理"（Trade Routes: History and Geography，约翰内斯堡，1997年），以及与钦努阿·阿契贝（Chinua Achebe）共同策划的巡展"短暂的世纪：1945—1994年非洲的独立和解放运动"（The Short Century: Independence and Liberation Movement in Africa 1945–1994）[8]。

在探讨这些开创性的展览时，还必须补充由其他策展人策划的与非洲相关的展览，包括"真实的虚构：当代海外非洲"（A Fiction of Authenticity: Contemporary Africa Abroad，圣路易斯，2003年）、"双向审视：当代非洲移民社群艺术"（Looking Both Ways: Art of the Contemporary African Diaspora，纽约，2003年）、"断层线：当代非洲艺术与不断变化的景观"（Fault Lines: Contemporary African Art and Shifting Landscapes，伦敦，2003年）、"十年十位艺术家，民主南非的艺术"（10 Years 10 Artists, Art in a Democratic South Africa，开普敦，2004年）、"民主十年，南非艺术1994—2004"（A Decade of Democracy, South African Art 1994–2004，开普敦，2004年）和"非洲混音：一个大陆的当代艺术"（Africa Remix: Contemporary Art of a Continent，伦敦，2005年；约翰内斯堡，2008年）。值得注意的是，这些展览中很少有在非洲本土展出的，且很少是由非洲本土策展人策划的，即使有，通常展出地点和策展人也会在南非。2008年，由奇卡·奥克克-阿古卢（Chika Okeke-Agulu）主持的《Nka：非洲当代艺术期刊》（Nka:Journal of Contemporary African Art）的圆桌论坛讨论了这一议题[9]，一并讨论的还有其他关于策划历史性当代艺术展览和当代艺术相关的议题。我将在此详细说明这些议题，因为全球各地的策展人都面临着类似的挑战:既需要努力建设本土的艺术基础设施,又要在这样极具本土性又具全球性的世界里争取本土艺术家的成就能够适当地获得国际认可。

圆桌论坛的参与者对非洲大多数城市与欧洲、美国和亚洲越来越多的城市之间在艺术基础设施方面的巨大差距表示哀叹。正如奥克克-阿古卢所言,这种不平等对于策展思维的发展产生了负面影响:"如果非洲的机构无法负担这些展览的制作,那么非洲本土的学者是否参与这些展览引发的讨论,是否就无关紧要了呢?非洲本土的(批判性)评论公众在当代非洲艺术的实际话语视野中处于边缘地位,这是否也无关紧要了呢?"[10] 论坛关于国际展览中的"代表性"问题也引发了讨论,代表性可能仅仅是"愚蠢的民族主义"的表现,2011年威尼斯双年展意大利馆正是一个典型的例子;或者代表性也可能成为远方观众对作品明显具有"真实性"的普遍期待。论坛的参与者认为,这两种观点都基于一

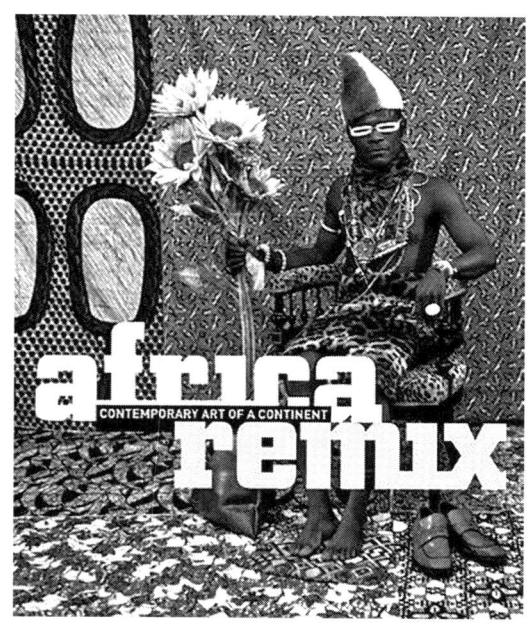

展览图录封面,"非洲混音:一个大陆的当代艺术",伦敦海沃德美术馆和杜塞尔多夫艺术博物馆,2005年。首席策展人:西蒙·恩贾米(Simon Njami)、玛丽-劳尔·贝尔纳达克(Marie-Laure Bernadac)、让-于贝尔·马尔丹、罗杰·马尔伯特(Roger Malbert)、阿尔弗雷德·帕克芒(Alfred Pacquement)和大卫·埃利奥特(David Elliot)

种错误的假设：展览应当是对某一地方、民族或地区的艺术进行公平的文化人类学式的研究。但实际上，展览应该是策展人对特定艺术形式及其与特定现存争议之间关系的辩论[11]。尽管有与会者表达了对"泛非洲"主题大型展览的内容趋于重复的担忧，并倡议应优先考虑"规模较小、内容更聚焦的专题展或个人展"，但大多数参与者仍支持继续两种形式融合，尤其是因为大陆级别的展览能够让新兴和发展中的艺术家获得关注，主题展览能够推动艺术讨论的深入，个人展则能够展示某位艺术家的成就深度[12]。会上还提到非洲双年展发展历程的不均衡，达喀尔艺术双年展（Dak'Art）的持续性与约翰内斯堡双年展（Johannesburg Biennial）举办两届后停办的事实形成鲜明对比。鉴于双年展作为跨大陆和国际交流载体的价值，参会者建议借鉴罗安达三年展（Trienal de Luanda）的经验，进一步推动非洲艺术展览的发展[13]。

在讨论过程中，与会者归纳了多种类型的观众群体，并对将其简单划分为"西方"和"其他"方式提出反对意见。取而代之的是一种面向"全球各大国际化都市"的观众群体的设想。[14]约翰内斯堡美术馆（Johannesburg Art Gallery）馆长克莱夫·凯尔纳（Clive Kellner）针对由外部策展人对策划非洲展览时占主导地位的现象，以及"空降策展"的现象提出了质疑，他还提出了一个尖锐的问题："非洲侨民群体是否代表新的西方？"[15]这一问题引发了诸多回应，其中艺术家兼策展人兼教育家科林·理查兹（Colin Richards）的回应最为微妙，也与我的整体论点最密切相关。理查兹指出，"尽管已有诸多著述，当代性仍然是讨论此类问题的一个关键术语。"他认为，"如果我们认真对待参与性、关联性、有意为之的开放性、全球性和陌生感作为当代艺术中的关键经验，我们就会开始以略微不同的方式思考我们所做的事情……一种不同的文化政治成为可能。"[16]将这些见解应用到非洲艺术语境时，理查兹进一步阐述道：

在具体的艺术作品层面和展览作为空间体验的层面，以及与国内其他展览之间、不同机构之间、国家与非洲大陆之间、非洲大陆与其他地区之间的关系中，存在着一种奇怪的重复或回响。这些问题在话语导向、构建体系乃至形而上的抽象思考方法中都产生了令人出乎意料的表现。一个确实被过度使用的精准描述词语"在场"（on the ground），在上述所有方面和环节中均有出现和提及。正因为西方与非西方，以及其复杂的融合与纠缠的社会现状，在这里已经成为充满冲突的日常现实，我们才不断在各个层面努力解决这些问题。"[17]

这些言论提醒我们关注当代生活之间的关联性，关注艺术创作和展览策划所依赖的多层次嵌套环境，以及策展思想在这些环境中如何逐渐成形。正是在这种背景下，梅斯查·伽巴（Meschac Gaba）开展了他的长期项目——《当代非洲艺术博物馆》（The Museum of Contemporary African Art）。在这个项目中，他通过一种自发性极强的方式进行艺术展示，这种方式充满了理查兹所重点提及的特质，同时也突出展示出艺术创作中所蕴含的临时性、偶发性的和不稳定的条件[18]。2010年，嘉比·尼科波（Gabi Ngcobo）带领一个策展人、艺术家和作家团队在约翰内斯堡成立了"历史再现中心"（Center for Historical Re-Enactments），旨在鼓励在特定场域中创作艺术作品，尝试"通过艺术实践促发多种身份的创作者在过程中进行深刻的对话，揭示在这些实践过程中某些历史是如何形成、重复、普及和保存的"。[19]这个项目与充满希望但最终夭折的约翰内斯堡双年展项目一样，一直是人们热议的话题。这件事不仅引发了对艺术史的质疑，也促使人们反思南非及其他地区的基础设施的缺失与不足。更重要的是，促使人们深入探讨艺术与社会背景力量之间的关联，以及艺术与人们对历史力量的认知之间的联系。相关项目包括克芒·瓦·路勒（Kemang Wa Lehurle）的"排练的回声"（Echoes of a Rehearsal），"异语症：文本中不为人知的语法"（Xenoglossia: The Unknowing Grammar of Inhabiting a Text）展览，以及特蕾西·罗斯（Tracey Rose）的一场表演。

梅斯查·伽巴,《当代非洲艺术博物馆》,2002年。混合介质,尺寸可变。展览现场,第11届文献展,卡塞尔,2002年

多场面向全域的调研型展览的核心议题都聚焦于去殖民化这一问题,促使欧美国家对这些地区的看法得到了积极改善。在南美洲,这类展览包括卡洛斯·巴苏阿尔多的"热带:巴西文化中的革命1967—1972"(Tropicália: A Revolution in Brazilian Culture 1967–1972,圣保罗,2005年),以及玛丽·卡门·拉米雷斯和赫克托·奥利亚(Hector Oléa)的"倒置的乌托邦:拉丁美洲的先锋艺术"(Inverted Utopias: Avant-Garde Art in Latin America,休斯敦,2004年)[20]。拉米雷斯和奥利亚正以一种极具建设性的方式持续推进这项工作,这对解决非洲基础设施不平等问题,以及在非洲散居的社群中开展策展实践等问题

策展当代性

125

所面临的困难具有重要意义。美洲国际艺术中心（International Center for the Arts of the Americas）不仅设立于休斯敦艺术博物馆，还被视为该馆的重要组成部分。2005年，该中心启动了"20世纪拉丁美洲和拉丁裔艺术文献项目"，该项目是一项长期的档案整理和出版计划，旨在扫描与美洲地区的艺术、艺术家、文化、历史和政治相关的重要原始文献资料，并免费向公众提供在线访问。在开展这项计划之前，许多文献和资料经常丢失或保存条件堪忧，即使是当地的研究人员也很难调取查阅。这种情况不仅导致当地人遗忘了那些特定艺术家的作品，也让国际范围内对拉丁美洲和拉丁裔艺术的整体情况一无所知。在地区代表性的编辑委员会的指导下，该中心投入了大量资源协助南美洲各地的档案馆，培训档案员和研究人员，并推动一百多名参与者之间建立协作关系，从而在该地区创建了研究网络。精选的文献内容由编者以批判性视角编辑成书，以英文出版。他们将这一工作视为应对所面临问题的一种"策展方法"[21]。

虽然中国当代艺术的兴起并非源于殖民历史，但中国当代艺术的兴起和爆发历程却精彩纷呈，这一历程可以通过一系列重要的展览进行诠释，并追踪其历史发展。[22]值得注意的是，中文的"策展人"一词意为有"策"略地管理"展"览的"人"（假设这里"策展"所说的是艺术展览）。该词于20世纪90年代首次在中国使用。与欧洲词源中拉丁词"curare"意为"照顾"不同，中文中的"策展人"并不具有监护保管的含义[23]。除了日本自1853年被迫与欧洲和美国进行长期文化交流以外，其他亚洲国家直到20世纪80年代才引入双年展，向国内观众展示国际艺术，同时向国际观众展示本地艺术[24]。然而，这从来都不是简单地向本地艺术家和观众展示国际艺术的问题。2000年，策展人侯瀚如将上海双年展开放给国际艺术家进行参与，该双年展最初仅限于中国艺术家使用传统技法和材料，由此引发了一系列反应，人们坚持本土艺术家作品的价值，并对西方艺术价值观提出批判性回应。其中具有对抗性的展览包括2001年邱志杰和吴美纯策划的仅持续一晚的表演活动"后感性：狂欢"，讽刺当代中国艺术的商业化制造近似于巴比伦式的过度奢华。邱志杰对当晚表演情况、活动背后的动机和怪诞盛大的场面进行了生动的记录，其记录形式是事件见证者与身为组织者的自己展开对话。[25]

"长征计划"由卢杰于2002年发起，旨在反对当时部分中国当代艺术家"一味向外者"的倾向，该计划持续聚焦中国国内存在的多样的艺术创作形式。一群艺术家重走了中国红军在1934年开始的长征路线，他们将创作的作品免费分发给感兴趣的当地人，同时鼓励当地艺术家和各类手工艺人去创作，并分享自己的作品，这些作品后来在国内外展览中多次展出。如今，长征空间在北京798艺术区已经是一家成功的商业画廊。

冷战结束后，一些展览通过回顾当代性这一种方式，试图为曾处于苏联势力范围内地区构建现代艺术的历史，并借此将该地区的当代艺术与所谓的"国际艺术"联系起来。早期的案例包括"超越信仰"（Beyond Belief，芝加哥，1995年）、"墙后"（After the Wall，斯德哥尔摩，1999年）、"身体与东方：从20世纪60年代到现在"（Body and the East: From the 1960s to the Present，卢布尔雅那，1998年）、"方面/立场：中欧艺术50年"（Aspects/Positions: 50 Years of Art in Central Europe，维也纳，1999—2000年）、"血与蜜"（Blood and Honey，维也纳，2002年）和"巴尔干峡谷"（In the Gorges of the Balkans，卡塞尔，2003年）。同样，这些展览中虽然只有部分曾在艺术家的原籍国巡回展出，但它们通过其展览图录得以传播，当地策展人为图录的编撰也做出了重要贡献。一些当代艺术中心，尤其是那些由金融家乔治·索罗斯（George Soros）的"开放社会基金会"（Open Society Foundation）支持的艺术中心和机构，在建设该地区的视觉艺术基础设施中扮演了重要角色。策展人自那时起一直是维持其发展的关键环节，但现在他们必须面对极端民族主义意识形态再次兴起的挑战。

艺术家同时也是构建艺术史记忆的关键角色。由卢布尔雅那的艺术家团体Irwin于2004年发起的"东方艺术地图"（East Art Map）是一个集研究、展览、书籍和在线平台于一体的项目，旨在让来自东欧的艺术家、评论家和策展人绘制出该地区五十年以来的艺术发展历程[26]。尽管该项目在初期取得了令人称赞的成果，但参与者意识到它并未发展成一个全面、持续的研究计划。不过，它确实催生了一系列层次丰富且极具价值的艺术创作。一个类似的但更具个人视角的项目是由莉亚·佩尔约夫斯基（Lia Perjovschi）于1985年在布加勒斯特成立的"当代艺术档案/艺术分析中心"（CAA, Contemporary Art Archive/Center for Art Analysis）。在从事自己独特的雕塑和行为艺术的同时，佩尔约夫斯基还通过收集的档案材料进行装置艺术创作，以探索全球化对罗马尼亚的影响，同时创作墙绘作品，以时间线的形式记录她所在的城市、地区和更广阔的世界里艺术与社会变革之间的互动关系。[27]

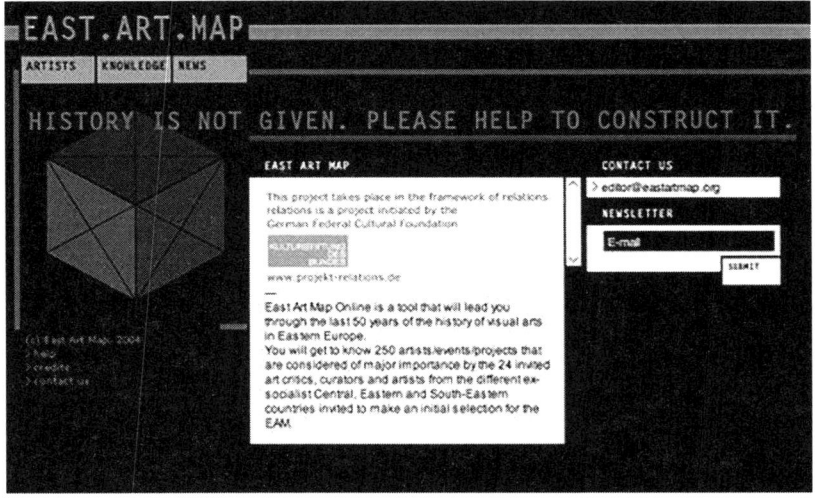

"东方艺术地图"网站主页，艺术团体Irwin的项目。http://www.eastartmap.org（访问日期：2012年4月）

近年来，一些展览致力于加深人们对苏俄共产主义政权后期另类艺术实践的理解，特别是"莫斯科概念主义者"（Moscow Conceptualists）的贡献。这些实践包括秘密聚会、公寓展览、私人读书会、远程表演和临时活动。在诺顿·道奇（Norton Dodge）的支持下，美国新泽西州罗格斯大学齐默利艺术博物馆（Zimmerli Art Museum）举办了一系列展览，将这些艺术作品呈现给美国观众。鲍里斯·格罗伊斯在一系列展览中描绘了一幅更加细致入微的图景，特别是在"全面启蒙：莫斯科的观念艺术1960—1990"（Total Enlightenment: Conceptual Art in Moscow 1960–1990，法兰克福，2008年）和2011年第54届威尼斯双年展俄罗斯馆的"空区"（Empty Zones）展览中。这一探索体现在他的著作和策展活动中，例如由斯特拉艺术基金会（Stella Art Foundation）赞助在莫斯科俄罗斯作家中心举办的"全球观念主义：国际语境下的莫斯科概念主义"（Global Conceptualism: The Case of Moscow Conceptualism in an International Context）会议[28]。

由安东·维多克勒（Anton Vidokle）、朱丽叶塔·阿兰达（Julieta Aranda）和布赖恩·宽·伍德（Brian Kuan Wood）创立的"e-flux"项目，展现出莫斯科概念主义模式对当代艺术实践的影响。e-flux为艺术家和文化生产者提供了一个互动网站，同时快速汇编关于紧迫议题的文章，制作成低成本小册子。此外，e-flux还作为一个组织活动的聚会场所、全球相关内容网站的链接站、一个时间和技能交换场所，以及对策展项目开放的展览空间，以支持重新展示被不公正地忽视或未实现的展览项目。在高度常规化的社会中，这些举措都为创造性基础设施建设提供了启发性模式。[29]

综合所有这些展览和活动，很明显它们并不仅仅关注于填补艺术历史的空白，也不仅仅受平庸和公平化的理念所限制。鉴于某些国家在经济实力达到一定规模时会倾向于建立帝国，去殖民化的进程可能需要几十年才能完成，这一点尚未可知。恩维佐目前正在策划一场展览,探讨南非在种族隔离制度下,如何通过摄影的媒介进行抗争;作为慕尼黑艺术之家的新任馆长,他将持续关注欧洲战后历史,其中去殖民化的议题扮演着至关重要但有待充分挖掘的角色。最近,他还组织了第六届"交汇点"(Meeting Points)项目,邀请了来自多个国家的艺术家们进行系列讲座、表演和电影活动,旨在反思中东和北非的公民对抗情绪。该项目经过多年的筹划,最终于2011年和2012年期间以不同形式在安曼、贝鲁特、布鲁塞尔和柏林进行巡回展出。当时恰逢尚在进行中的"阿拉伯之春",这场社会变革似乎早已被参展艺术家和策展人预见并体现于展览之中。

我所提及的每一个展览,都是与其他同一议题的不同观点进行辩论中形成自己的观点,这些不同的观点来自多样文化背景的地方、区域或全球范围。虽然展览作为一种论述观点的形式已并不陌生,但每场展览所承载的利害关系却因时因地而异:策展人希望提供一个清晰的视角,既回顾又现实地展示某个艺术群体或多样化的个体、团体,如何与他们所处的当代环境交锋或对抗。策展人这样做,不仅是为了记录历史或抵制当时有害的意识形态所带来的误解,更是为了塑造更多未来的可能性,摒弃单一地反对某些新兴的方向、支持其他方向,而是需要开放性地支持尚不可预见的多元内容。从这个意义上来说,在象征意义的领域内,策展是一种首要活动方式。策展人与艺术家、公共评论员、政治家、学者及其他许多人一道,共同定义公共话语的方向。在这一强调意识形态的领域中,没有任何事物是中立的。

当代艺术走向全球化

当当代社会中的错位感本身成为一次展览主题时,会发生什么?探讨这一问题正是展览"全球当代艺术:1989年之后的艺术世界"

（The Global Contemporary: Art Worlds After 1989）的主要目的。展览于2011年9月在卡尔斯鲁厄ZKM艺术与媒体中心开幕，这次展览是为期五年的"全球艺术与博物馆"项目（GAM, Global Art and the Museum project）的最终成果，由艺术史学家汉斯·贝尔廷（Hans Belting）和安德烈亚·布登西格（Andrea Buddensieg）于2006年发起。在我看来，GAM是一个在多个方面都堪称典范的研究项目：它以最开放的方式进行研究，由来自不同世代、持有各种批判性视角的杰出理论家、艺术家、评论家、策展人和历史学家共同完成，并根据当地优先事项在世界各地的场馆安排会议。每一位参与者都敏锐地意识到我在上文中提到的展览所奠定的基础，以及诸如"20世纪艺术中的原始主义：部落与现代艺术的亲缘关系"（'Primitivism' in 20th Century Art: Affinities of the Tribal and Modern, 1984）、"大地魔术师"（1989）和第11届文献展（2002）[30]等具有争议性的展览案例所产生的影响。由项目负责人汉斯·贝尔廷、安德烈亚·布登西格和彼得·魏贝尔（Peter Weibel）编辑的系列文集见证了这一项目的成功，这些文集也成为一项独特而具有批判性的研究资源。[31]"全球艺术与博物馆项目"正是对那些墨守成规的当代艺术现状提出的挑战。

卡尔斯鲁厄ZKM展览的一个重要部分名为"历史之屋：文献记录"（Room of Histories: A Documentation），专门展示展览过程的内容。该展览通过图表、照片和文献展示了自1989年以来出现的各种博物馆类型，重点介绍了重新定义了西方艺术和其他艺术关系的代表性展览和出版物，其中包括一个由拉希德·阿里恩（Rasheed Araeen）设计的房间，展示了《第三文本》（Third Text）的每一期刊物。展览中将澳大利亚当代原住民艺术作为一种特殊的当代艺术类型予以突出展示。最后，展览以场面震撼的全景数字投影结束，展示了从1895年以来，尤其是1989年以来双年展的兴起与发展。然而，观众并不会通过展览内容感受到"全球博物馆"或"全球化中的博物馆"这样的概念和愿

Raqs媒体小组[（吉比什·巴什（Jeebesh Bagchi）、莫妮卡·纳如拉（Monica Narula）、舒德哈巴拉特·森古普塔（Shuddhabrata Sengupta）]创作的《逃离》(*Escapement*，2009）多媒体装置艺术作品。该作品由27个时钟、高光铝材质的LED灯、4个平面显示器、循环播放的视频和音频组成，尺寸可变，第2版

景。相反，观众普遍感受到的是刻板印象的传播方式和一种抵制性的反弹，艺术博物馆的类型依据当地条件和情况不断激增，同时也展现出一种多样性，它们之间的主要连接点就是日益普遍的双年展形式。该项目在出版的卷首导言和各章节中，将这种关联背后的因素和内容进行了批判性的阐述。

当观众从"历史之屋：文献记录"展区步入主展览空间时，第一印象就是从一个学习氛围浓厚的空间进入到充满震撼的艺术作品的空间。作品按相关主题分组陈列，包括由Raqs媒体小组（Raqs Media Collective）发起的"世界时间：作为中转区的世界"（World Time: The World as Transit Zone）、"生命世界与图像世界"（Life Worlds and Image Worlds）、"世界艺术：后殖民视角下的珍奇柜"（"World Art": The Curiosity Cabinet from a Postcolonial Perspective）、"边界问题：现代性中的艺术概念"(Boundary Matters: The Concept of Art in Modernity)、"网络与系统：全球化作为主题"(Networks and Systems: Globalization as Subject)、"艺术作为商品：新经济与艺术市场"(Art as Commodity: The New Economy and Art Markets)和"迷失在翻译中：艺术家的新传记"(Lost in Translation: New Biographies of Artists)。其中，曼西亚·迪亚瓦拉(Manthia Diawara)的影片《爱德华·格利桑：联系的世界》(Édouard Glissant: Un monde en relation)为沉浸其中的观众提供了深刻的概念桥梁。影片跟随已故哲学家格利桑的脚步，重温他的人生轨迹，阐释他关于奴隶制、历史、关系性与意义的思想。影片的巧妙安排，引导观众将展览主题视为群岛，这是格利桑对全球当代语境中文化差异的标志性隐喻。[32]

在我看来，展览的各个区域形成了同一思潮中的群岛且相互关联。自1989年左右以来，当代艺术中出现了三种最明显的趋向，此次展览只呈现了其中之一：后殖民转向，或称为跨国转型。这使我们能够将展览解读为展示了"西方以外"文化与这一思潮之间的联系。然而，全球化时代的"全球"艺术展——"全球当代艺术"还应该意味着什么？如果仅展示这一思潮那就有所局限。展览中应包含我所提出的第一种思潮中的艺术家，他们最突出的代表包括理查德·塞拉(Richard Serra)和杰夫·沃尔(Jeff Wall)等复兴现代主义者(Remodernists)，以及达明·赫斯特(Damien Hirst)和村上隆(Takashi Murakami)等复古感觉主义者。至少，展览应该包括诸如安德烈亚斯·古尔斯基(Andreas Gursky)等全球化美学的敏锐探索者。"全球当代艺术"确实包含了一些从自身主流文化的批判性立场来探讨全球化及其影响的艺术家，如艺术团体"超柔"(SUPERFLEX)、阿什利·亨特(Ashley Hunt)和克里斯蒂安·扬科夫斯基(Christian Jankowski)。但像阿伦·塞库拉(Allan Sekula)、托马斯·赫施霍恩(Thomas Hirschhorn)、佐伊·伦纳德(Zoe Leonard)、圣地亚哥·塞拉（Santiago Sierra）、艾萨克·朱利安和史蒂夫·麦奎因等艺术家，他们恰恰是在批判全球化的同时构建出具有深刻意义的作品，却并未出现在展览中。除了索默勒和米尼奥诺（Sommerer & Mignonneau）、别利基和里希特（Bielicky and Richter），以及希托·施泰尔（Hito Steyerl），展览中几乎没有我认为的第三种思潮中的艺术家的身影。展览中也未包含一些在后殖民领域内被视为"坏物"（Bad Object）的艺术家，如阿什利·比克顿（Ashley Bickerton），他的作品风格从令人反感到令人不适，最终陷入纯粹的可怕状态，他陶醉于自己的不正确性——虽然粗俗，但却很有代表性。

当与这些遗漏相结合时，展览以"全球化"为显性主题的艺术关注，将整个展览危险地推向了一个"全球艺术"的笼统概念之中，这些艺术作品在承认自身深陷于全球化的限制中的同时，还试图保持某种批判性的距离。"全球当代艺术"展示了双年展语境之外的多样的跨国艺术作品，仿佛这些艺术作品只是一个普通的欧洲视角下的临时展览，即鉴于议题、风格、主题或媒介为基础的展览。这种做法不同寻常到显得陌生又颇受震撼。尽管ZKM宽阔的中庭提供了开放的视线，但白色墙壁、规整又重复的楼层布局却不可避免地强化了这一印象。从欧洲的某个特定视角出发的观览体验，很难避免沦为"欧洲视角"的局限。

当然，也有一些作品突破了这些限制，以其纯粹的独特性让我们感到惊喜：保利娜·库尼耶·佳琳（Pauline Curnier Jardin）的《Ami》（2009年）是一个可以放置在任何地方的小展亭。它以一种黑暗的形态呈现，仿佛背对着博物馆。展亭内展示了一组个人化极强的幻灯片，内容包括在多个博物馆（古典、高雅艺术、自然历史、广岛等多种类型的博物馆）中拍摄的看似随机的细节，以及相机拍摄失误的照片，实则极具个人风格，这些图像缓慢地相互淡入，呈现出一种低调而敏锐的令人不安的非理性之感，仿佛我们无意中窥见了后殖民时代潜意

保利娜·库尼耶·佳琳,《Ami》,
2009 年。视频装置,彩色,有声,
时长 7 分钟

识的一扇窗。

在"全球当代艺术"展览中,是什么介入了策展理念和展览创作之间?策展人提出了一个在地性的议题,即坚持"全球性实践已经像'新媒体'曾经做到的那样彻底改变了当代艺术"。[33] 在 ZKM 这个新媒体和数字艺术的经典之地,这是一个高度相关甚至有些颠覆性的举动。然而,从全球范围来看,"新媒体"已被证明是"后媒介状态"中的众多媒介之一。其最初关于改变艺术创作基础的宣言,似乎正在像 20 世纪 80 年代末摄影的普及性那样迅速消退。然而,对于包括我在内的一些人来说,它仍然是一个缓慢展开的弹簧,正在将包括艺术、电影和社交媒体在内的视觉传播推进到目前难以想象的维度。这是一个宏大的问题,涉及许多方面,无法在此解决。

相反,我想把大部分责任归咎于"当代性"这一概念的有恶意泛滥,它模糊了"全球当代艺术"展览的批判性目标。在卡尔斯鲁厄,这一概念以这些后殖民艺术家的名义被提出,但不幸的是,我相信这并非有意而为,却复兴了他们在 20 世纪 90 年代希望与西方艺术保持同步的旧愿望,而不是展示他们自那时以来的实际成就。正如展览所希望宣称的那样,他们的成就主要是通过挑战欧美艺术以及彼此之间的横向联系,改变了全球艺术创作的范式。因此,彼得·魏贝尔在其前言中评论道:"这些来自亚洲、非洲、南美等地的艺术家并不想融入西方文化,他们更多是想打破这些排斥机制。"[34]然而,"当代性"非但没有促进全球平等参与,反而成为一种排斥机制,尤其体现在我之前所描述的"失能双重性"概念所削弱的思想中。事实上,在这场展览中根本没有必要诉诸"当代性"这一概念,这听起来就像是在策展过程后期随意附加的宣传标题。

在此情境之下,是否存在一种紧张关系,或者至少是内容(策展思路)和形式(展览形式)之间的相关区别?展览"全球当代艺术"的灵感来源于一个重要的策展理念,与我之前提到的瓦内多、恩维佐和布里奥的策展理念一样重要。具体而言,该理念认为卡尔斯鲁厄展

斯图尔特·史密斯(Stewart Smith)、罗伯特·杰拉德·皮特鲁斯科(Robert Gerard Pietrusko)和伯恩德·林特曼(Bernd Lintermann)的作品《跨越行动:加速的艺术世界 1989—2011》(trans_actions: The Accelerated Art World 1989-2011),2011 年。装置视图,"全球当代艺术:1989 年之后的艺术世界",全景屏幕,卡尔斯鲁厄 ZKM 艺术与媒体中心

出的艺术作品彰显了"全球性实践的出现,这种实践像'新媒体'之前那样,彻底改变了当代艺术"。如果我们抛开与"新媒体"的比较,这种实践与我称之为跨国转型的观点相近,甚至完全相同:在欧美以外的世界其他地区的许多艺术生产中心,本土性、传统性、现代性和全球化之间的多样化地方协作,促成了不同类型的现代艺术风格的形成,并在区域内和与遥远中心的艺术交流中,出现了特定类型的当代艺术形式。这些艺术发展潮流自20世纪50年代在非洲兴起、60年代在拉丁美洲蔓延、80年代在中欧和中国崭露头角、90年代在东南亚蓬勃发展、21世纪初在印度和中东等地相继涌现。[35] 将这些作为一种全球潮流来看,它们标志着艺术创作方式的一次重大转向:这些艺术思潮强调地方性议题呈现于公众视野之中的价值,并成为在文化层面重新协商全球不平等、倡导尊重差异的重要途径。这两个方面都是艺术家为逐渐成形的"新国际主义"或"全球世界主义"做出的贡献。[36] 这正是展览"全球当代艺术"意图呈现的核心内容。汉斯·贝尔廷和安德烈亚·布登西格在展览开幕时发布的展览报纸中撰写的引言,是对"全球化世界"中艺术的当代性概念进行了精彩的分析。[37] 若能将其论点与当代艺术潮流的假设更紧密地结合起来,我相信我们便能找到应对当下诸多问题的坚实基础。

  总体而言,我们可以看到,第11届文献展和前面列举的许多展览已经证明了我所说的第二种思潮是世界艺术的中坚力量。这些展览帮助我们看清艺术在其所涉及的地区,以及构成每个地区的一些国家中的流动轨迹,提醒我们注意地区之间的联系,以及这些联系如何延伸至曾经的殖民中心。在某些情况下,这些旧有的中心仍然是艺术作品要获得国际影响力所必经的重要平台。接下来应采取的举措包括举办和传播去殖民化地区的重要艺术家的回顾展,如艾米丽·卡梅·金瓦瑞耶(Emily Kame Kngwarreye)和埃尔·安纳祖(El Anatsui),他们的突破性创作具有全球性意义。[38] 活跃在这股艺术潮流中的艺术家和策展人都面临着诸多挑战，其中最为艰巨的是容易被轻松的异国情调所诱惑，陷入被"他者"的美学旅行所吸引，从而进行保持地方特色的简化作品，即成为西方缺乏批判力的观众本能渴望的那种刻板印象的面貌。如果你认为欧洲文化在其鼎盛时期已经超越了殖民主义心态，那么不妨参观一下巴黎的凯布朗利博物馆（Musée Quai Branly）。当你走出街道进入花园时，展现出的原始主义的天堂愿景将迅速打破你的这种幻想。

非同时代者的生命图景

那么，过去的艺术或现在的非当代艺术中的"当代性"又是什么样呢？这正是我在本章开头提出的议题。那些聚焦于艺术家个人职业生涯或艺术史上某些流派的成就而举办的展览，旨在带我们回到它们的起源时刻，这已成为博物馆项目中的常见形式，并持续了一个多世纪。从当代需求的角度来看，这些展览的局限性在于它们倾向于让艺术家或流派回到既定的线性艺术史叙事中，或者试图证明该艺术家或流派的历史地位应该在某种程度上得到提升或修正。但是，极少有展览关注艺术家或流派如何在他们的创作中回应他们面对所处时代的"当代性"挑战。当然也有一些例外，例如纽约大都会艺术博物馆近年来举办的一系列中国艺术展。这些展览涵盖范围广泛，其中既有"名作剖析：如何阅读中国绘画"（Anatomy of a Masterpiece: How to Read Chinese Paintings, 2008）这样的综合性展览，也有诸如"奇思妙想：罗聘（1733—1799）的世界"[Eccentric Visions: The Worlds of Lou Ping（1733-1799），2009-2010）]、"中国画艺术精研：谢稚柳1910—1997"（Mastering the Art of Chinese Painting: Xie Zhiliu 1910-1997, 2010）、"元代变革：艺术与朝代更替"（The Yuan Revolution: Art and

Dynastic Change, 2010–2011），以及"革命年代的中国艺术：傅抱石1904—1965"［Chinese Art in the Age of Revolution: Fu Baoshi（1904–1965），2012］等这类专题性研究展览。

另一种探讨"当代性"核心的多样化时间体验的方法，是将其应用于艺术作品本身，探索这些作品在其所处时代显得多么不合时宜，并揭示它们内在的"时代错置"特性。在某些历史时期，这成为艺术家们高度关注的主题。例如，由肯尼斯·西尔弗（Kenneth Silver）策展的"混沌与古典主义：1918—1936年法国、意大利和德国的艺术"（Chaos and Classicism: Art in France, Italy, and Germany 1918–1936），该展览于2010年10月至2011年1月在纽约古根海姆博物馆展出。更宽泛地说，"回顾"是艺术史中常见的现象：某一时期的创新往往会引发对过去某些作品的全新解读。一个著名的例子是对"矫饰主义"（Mannerism）的认知，这一艺术史上的运动发生在意大利文艺复兴晚期和巴洛克早期之间，是20世纪初德国艺术史学家在当时的表现主义绘画和雕塑的影响下重新发现的结果。反过来，当代的经验也可以被注入过去艺术所携带的隐喻意义。一个臭名昭著的例子发生在2003年的联合国，美国当时的国务卿科林·鲍威尔宣称伊拉克藏有大规模杀伤性武器，对该国的军事入侵是正当的，这一声明是在一间挂有毕加索著名反战、反法西斯主义画作《格尔尼卡》挂毯的房间中发布的。为了避免尴尬，该画作的图像被匆忙遮盖了，这一行为在象征意义上与声明的欺骗性质不谋而合。毕加索的批判性立场依然产生着影响，例如，在2011年6月，当范纳贝博物馆收到位于巴勒斯坦拉马拉的国际艺术学院（International Academy of Art）借展《女人头像》（Head of a Woman, 1943）的请求时，产生的政治波澜就是证明。[39]

作为对"9·11"恐怖袭击事件在大众视觉文化中复杂影响的回应，即使在十年之后，这些影响依然无处不在，依然被压抑。MoMA PS1的策展人彼得·伊利（Peter Eleey）集合了一系列作品，其中只有埃尔斯沃思·凯利（Ellsworth Kelly）的作品《归零地》（*Ground Zero*, 2003）直接或间接地回应了那一天的事件及其影响，其余作品都是在"9·11"事件发生之前创作的。这些作品之所以被选中，是因为它们的形式特质或内在含义可以与那一天被媒体记录的视觉形象及与之相关的视觉记忆产生共鸣，例如萨拉·查尔斯沃斯（Sarah Charlesworth）拍摄的一张女人从建筑物跳下的照片，还有克里斯托（Christo）包裹一个模糊的建筑装饰物的作品。这种策展方式相当反传统，实现了策展人的目标，评论是这样描述的：思考"9·11"事件如何改变了我们看待和体验世界的方式[40]。"9·11"事件对美国的最显著影响，是抑制了视觉艺术家甚至策展人对这一事件或深度、或微妙的参与其中。然而这种反常的反应依然盛行，即捍卫艺术不与此类事件进行交锋的态度[41]。

2008年，由马西米利亚诺·吉奥尼在纽约新当代艺术博物馆策划的展览"后自然"（After Nature）中，以更为微妙的方式唤起了多重时间层次。展览的主题和标题来自W.G.塞巴尔德（W.G. Sebald）的散文诗，更确切地说是他三首诗的合集，分别描述了16世纪德国画家马蒂亚斯·格吕内瓦尔德（Matthias Grünewald）、19世纪植物学家格奥尔格·施特勒（Georg Steller），以及作者本人在二战后成长于德国的生活经历。这些经历鲜活地呈现在读者面前，似乎跨越时空而互相交织，尤其是在每个主人公都感到自己与所属时代的疏离感时。吉奥尼意在营造类似的效果，他表示展览"追求一种如梦似幻的混淆感，一种时间性的融合，事实与虚构的模糊，如同一部视觉小说，或是一座珍宝阁"。[42]展览图录进一步延续了这种破碎时空的感觉，采用了塞巴尔德书籍的形式，封套上标明了展览标题，附有策展人的文章及其他细节，列出了展览中的作品，并随机插入了每件作品如明信片大小的图像，其中还包括展览中许多电影的静帧。

至于那些在"当代"背景下创作的"非当代"艺术作品，它们当然也在不断被展出,通常伴随着对其当代特征的宣称,这些宣称常常被忽视,或被机械地标记为对"媒介纯粹性"的回归,通常是绘画作品;或是对其刻意的时代错置的相关性进行阐释,如中国的水墨画。这些艺术作品与当代潮流的复杂关系很少成为展览的主题,一个例外是彼得·S.迈耶(Peter S. Myer)于2012年1月在斯塔万格艺术博物馆(Stavanger Art Museum)策划的"岔路:超现代连续体中的绘画"(Sidetracks: Painting in the Paramodern Continuum)[43]。在下一章,我将再次回到当代艺术和策展中关于分层时间性和时间逃逸的视差本能这一话题。

如果我们要解决所讨论的历史空白、基础设施短缺和对现状的误解,艺术史学家和策展人仍需进行大量工作。这类工作的不断推进,正是需要更多策划"当代性"和"当代艺术"展览内容变得愈加可能,前提是两者都能够富有创造性地把握时代脉搏,经过深入透彻的思考,并扎根于历史语境之中。

1 Hal Foster, ed., "A Questionnaire on 'The Contemporary,'" *October*, no. 130 (Fall 2009): 3. 关于受邀者中的缺席策展人的评论，见 Johanna Burton, "On Knot Curating," *The Exhibitionist*, no. 4 (June 2011): 42–54.

2 John Noble Wilford, "In Africa Cave, Ancient Paint Factory Pushes Human Symbolic Thought 'Far Back,'" *New York Times*, October 14, 2011, A12.

3 维尔纳·赫尔佐格（Werner Herzog）的《被遗忘的梦的洞穴》(*The Cave of Forgotten Dreams*, 2011) 凸显了这些画作的奇特之处，有趣的是同时也反映了认为自己才是当代性代表的人的怪异之处。

4 Hilary Robinson, *Feminism-Art-Theory: A History* (Oxford: Blackwell).

5 感谢若昂·里巴斯让我注意到这一时刻。惠特尼博物馆目前的"奇异视觉"展厅也有类似的效果，其中一个展厅只展出一件作品。克拉斯纳和伊娃·海瑟（Eva Hesse）的作品都得到了很好的展示，展厅两侧分别摆放着贾斯珀·约翰斯（Jasper Johns）的旗帜画和列恩·雷（Len Lye）的动感雕塑。

6 萨宾·布赖特韦泽转引自 Carole Vogel, "Inside Art," *New York Times*, February 3, 2012, C31.

7 见"Curatorial Strategies," *n.paradoxa* 18, ed. Renee Baert, special issue (July 2006); Griselda Pollock, *Encounters in the Virtual Feminist Museum: Time, Space, and the Archive* (London: Routledge, 2007); Malin Hedlin Hayden and Jessica Sjöholm Skrubbe, eds., *Feminisms is Still our Name: 7 Essays on Historiography and Curatorial Practices* (Newcastle upon Tyne: Cambridge Scholars Publishing, 2010); Angela Dimitrakaki and Lara Perry, eds., *Politics in a Glass Case: Exhibiting Women's and Feminist Art*(Liverpool: Liverpool University Press, 2012). 另见关于"女性艺术、女性主义和策展的跨国视角"（Transnational Perspectives on Women's Art, Feminism and Curating），布莱顿大学艺术学院，自 2010 年起活跃，http://arts.brighton.ac.uk/research/irn.

8 Chinua Achebe and Okwui Enwezor, *The Short Century: Independence and Liberation Movement in Africa 1945–1994* (Munich: Prestel, 2001).

9 奇卡·奥克克-阿古卢，《21 世纪与大型展览》（The Twenty-First Century and the Mega-Shows），《Nka：非洲当代艺术期刊》，第 22/23 期（2008 年春/夏）：153-88。参加者包括厄里·卡梅拉（Ery Camera）、奥奎·恩维佐、劳里·安·法雷尔（Laurie Ann Farrell）、伊丽莎白·哈尼（Elizabeth Harney）、克莱夫·凯尔纳、科林·理查兹和吉兰·塔瓦德罗斯（Gilane Tawadros）。

10 同上，第 160 页，第 187 页。

11 同上，第 168-169 页，第 178-181 页。

12 同上，第 165 页。

13 同上，第 187 页。

14 同上，第 171 页。

15 同上，第 174 页。另见 Krista Thompson, "A Sidelong Glance: The Practice of African Diaspora History in the United States," *Art Journal*7, no. 3 (Fall 2011): 7–31.

16 Okeke-Agulu et al., "The Twenty-First Century and the Mega-Shows," 172, 177.

17 同上，第 173 页。

18 梅斯查·伽巴，《当代非洲艺术博物馆》，http://www.museumofcontemporaryafricanart.com/entree.html。

19 嘉比·尼科波等人，历史再现中心，http://centerforhistoricalreenactments.blogspot.com。

20 Carlos Basualdo, *Tropicália: A Revolution in Brazilian Culture 1967–1972*(São Paulo: Cosacnafi, 2005); Hector Oléa and Mari Carmen Ramírez, *Inverted Utopias: Avant-Garde Art in Latin America* (New Haven, Conn.: Yale University Press, 2004). 有关世界各地展览的详细引文，请参见"Select

Bibliography" in Terry Smith, *Contemporary Art: World Currents* (London: Laurence King; Upper Saddle River, N.J.: Pearson/Prentice-Hall, 2011), 334–39. 关于去殖民化，见 Walter Mignolo, *The Darker Side of Western Modernity: Global Futures, Decolonial Options* (Durham, N.C.: Duke University Press, 2011); 以及他的 "The communal and the decolonial," *turbulence: ideas for movement*, 2010, http://turbulence.org.uk/turbulence-5/decolonial/.

21　Mari Carmen Ramírez, "Critical Documents of 20th-Century Latin American and Latino Art," in Melina Kervandjian and Héctor Olea, eds., *Resisting Categories: Latin American and/or Latino?* (New Haven, Conn.: Yale University Press, 2012), 13, http://mfah.org/research/international-center-arts-americas/icaa-documents-project/.

22　例如，高名潞等人，"中国现代艺术展"，中国美术馆，北京，1989 年；张颂仁，"后八九——中国新艺术"（香港：汉雅轩画廊，1993 年）；高名潞，"内外：新中国艺术"，由亚洲协会和旧金山现代艺术博物馆主办，1998 年；巫鸿和克里斯托弗·菲利普斯（Christopher Phillips），"过去与未来之间：中国当代影像艺术大展"，纽约国际摄影中心和芝加哥斯马特美术馆，2004 年；巫鸿，"二十世纪末中国实验艺术"，芝加哥斯马特美术馆，2005 年；高名潞，"墙：中国当代艺术二十年的历史重构"，奥尔布赖特·诺克斯艺术馆，布法罗，2005 年。

23　参见百度：http://baike.baidu.com/view/362714.htm。另见余小蕙编，《侯瀚如文选：在中间地带》（香港：Timezone 8，2003 年）。

24　参见 John Clark, "Biennials as Structures for the Writing of Art History: The Asian Perspective," in Elena Filipovic, Solveig Ovstebo, and Marieke van Hal, eds., *The Biennial Reader: An Anthology on Large-Scale Perennial Exhibitions of Contemporary Art* (Ostfildern: Hatje Cantz, 2010), 164–83. 这篇文章摘自他即将出版的 *Biennales and Contemporary Asian Art: Histories of the Asian "New"*。

25　邱志杰在 2000 年撰写的《后感性：备忘录》[*Post-Sense Sensibility* (*Hou Ganxing*): *A Memorandum*] 中介绍了展览的背景，该文发表于巫鸿主编的《中国当代艺术：基本文献》（*Contemporary Chinese Art: Primary Documents*），纽约：现代艺术博物馆，2010 年，第 343-347 页，http://arthubasia. org/archives/an-interview-with-qiu-zhijieby-li-zhenhua-and-commented-by-davide-quadrio/. 另见汤伟峰（Thomas Berghuis），《行为艺术在中国》（*Performance Art in China*），香港：TimeZone8，2007 年，第 144-145 页。

26　东方艺术地图在线（East Art Map Online），http://www.eastartmap.org。

27　Kristine Stiles ed., *States of Mind: Dan and Lia Perjovschi* (Durham, N.C.: Duke University Press, 2008).

28　研讨会视频见 http://www.ruspavilion.ru/en/symposium/report--31/。另见 Boris Groys, ed., *Global Conceptualism* Revisited (Berlin: Sternberg Press, 2012).

29　见 Anton Vidokle, *Produce, Distribute, Discuss, Repeat* (New York: Lukas and Sternberg, 2009).

30　关于这段历史，参见 Reesa Greenberg, "Identity Exhibitions: From *Magiciens de la terre* to Documenta 11," *Art Journal* 64, no.1（Spring 2005）：90-94，以及该期中安东尼·多尼（Anthony Downey）、诺曼·克莱布拉特（Norman Kleeblatt）、伊丽莎白·萨斯曼（Elisabeth Sussman）等人的文章。

31　见 Andrea Buddensieg and Peter Weibel, eds., *Contemporary Art and the Museum* (Ostfildern: Hatje Cantz, 2007); Hans Belting and Andrea Buddensieg, eds., *The Global Art World: Audiences, Markets, and Museums* (Ostfildern: Hatje Cantz, 2009). 展览 "全球当代艺术"（The Global Contemporary）由安德烈亚·布登西格和彼得·魏贝尔策划，汉斯·贝尔廷在其中发挥了重要作用。联合策展人包括雅各布·比尔肯（Jacob Birken）和安东尼娅·马滕（Antonia Marten），策展委员会成员包括恩贡·法尔（N'Goné Fall）、帕特里克·D. 弗洛雷斯（Patrick D. Flores）、卢迎华（Yinghua Lu）和吉姆·苏庞卡特（Jim Supangkat）。

32 该影片的访谈文字已发表:"One World in Relation: Édouard Glissant in Conversation with Manthia Diawara," *Nka: Journal of Contemporary African Art*, no.28 (Spring 2011): 4–19.
33 Hans Belting and Andrea Buddensieg, "Introduction," *The Global Contemporary*, exh. guide, Karlsruhe, 2011, 6.
34 Peter Weibel, "Preface," *The Global Contemporary*, 5.
35 我在《当代艺术:世界潮流》一书的核心章节中讲述了这些内容。
36 InIVA(国际视觉艺术研究所)自 20 世纪 90 年代以来一直主张这一点;玛莎·麦斯基蒙(Marsha Meskimmon)在其著作《当代艺术与世界想象》(*Contemporary Art and the Cosmopolitan Imagination*, London: Routledge, 2010)中对后者进行了介绍。另见 Nikos Papastergiadis, *Cosmopolitanism and Culture* (London: Polity Press, 2012).
37 Belting and Buddensieg, "Introduction," 6–8.
38 例如,参见"乌托邦:艾米丽·卡梅·金瓦瑞耶的才华"(Utopia: The Genius of Emily Kame Kngwarreye),东京国立艺术中心和堪培拉澳大利亚博物馆,2008 年;"埃尔·安纳祖:我最后一次给你写关于非洲的信"(When I Last Wrote to You About Africa),多伦多皇家安大略博物馆,2010 年。我对于后者的评论,请参见 *Nka: Journal of African Art*, no. 28 (Spring 2011): 142–45;关于艾米丽·卡梅·金瓦瑞耶的文章,请参见 "Kngwarreye Woman Abstract Painter," in Jennifer Isaacs, ed., *Emily Kame Kngwarreye* (Sydney: Craftsman House, 1998).
39 请参阅 Charles Esche, Khaled Hourani, Lynda Morris, Els Roelandt, Rasha Salti et al., "Picasso in Palestine," special issue of *A Prior Magazine* (School of Arts, Ghent, 2011).
40 展览手册,引用自 Hal Foster, "September 11," *Artforum* 50, no. 5 (January 2012): 210–11, 这是一篇对展览相当犀利的评论,关注了展览在处理时代错位问题时的挣扎。
41 这与电影制作人和建筑师的回应深度和多样性形成鲜明对比,后者在我的(*The Architecture of Aftermath*, Chicago: University of Chicago Press, 2006)一书中有较详细的论述。
42 马西米利亚诺·吉奥尼在"后自然"(After Nature,纽约:新当代艺术博物馆,2008 年)中的一篇无题文章,未注明页码。他关于策展过程的反思另见 "After *After Nature*," The Exhibitionist, no.1 (January 2010): 49–54.
43 参见 Peter S. Myer, ed., *Sidetracks: Painting in the Paramodern Continuum* (Stavanger, Norway: Stavanger Art Museum, 2012). 关于准现代性,可参见 Jonathan Hay, "Double Modernity, Para-Modernity," in Nancy Condee, Okwui Enwezor, and Terry Smith, eds., *Antinomies of Art and Culture: Modernity, Postmodernity, Contemporaneity* (Durham, N.C.: Duke University Press, 2008).

·5·
当今的策展实践

它为艺术家们提供了一个展现思想与兴趣的平台；它应对其发生的情境做出响应；并创新地、及时地应对当下艺术、社会、文化或政治的挑战。可以说，策展人的角色已从昔日主导品味与思想的管理者位置，转变为连接艺术（或展品）、空间与观众之间的桥梁。其驱动力更贴近于艺术家的实验和探索，而非传统策展人的学术或行政化路径。

凯特·福尔
《谁在乎？理解当今策展人的角色》(Who Cares？Understanding the Role of the Curator Today)，出自《警世故事：批判性策展》(*Cautionary Tales: Critical Curating*)，2007年

凯特·福尔在2005年担任旧金山加利福尼亚艺术学院策展实践硕士课程负责人期间，曾撰文指出这些正是"当今策展领域的关键因素"。[1]最近，策展学术课程的增长是促使明确阐明原则的因素之一，一些人认为这是主要因素。这些原则此前仅限于国际博物馆协会的章程和准则（其中策展人并未被单独提及，而是被假定为博物馆专业人员的一部分），以及许多内部博物馆文件和少数专业书籍。[2]大多数情况下，这些原则一直处于非正式状态，或被视为理所当然。然而现在看来，随着越来越多的人被吸引进入这一视为文化变革最快速、风格最前沿的行业，这些原则亟须被明确表达出来。

　　福尔的言论鲜明地揭示了当代策展话语中许多显著的价值观，这些价值观在讨论、展示与写作中都得到了体现。在导言部分，我梳理了一系列如今广为人知的行动项目。那么，在我们持续关注前述文章所提出的问题后，这些方案又是怎样一番面貌呢？它们似乎仍旧是我们行动的指南，却也可能磨砺出了更为锐利的边缘。我依循它们当前的优先级进行逐一列举：历史化策展、展览实践中的创新、重新构想博物馆、与艺术家合作策展、策展转向、致力于艺术界之外的参与式和行动主义策展。此外，无论是其当下、近期还是过往的形式，诸如重新审视观众角色、将观众纳入共同策展的过程，以及面对策展当代性的挑战，这些议题虽较少被提及但同样不容忽视。这一切都源于对策展实践的重视、机构的振兴、替代品的增加和开放式关系的建立。这不仅仅是改革派或对立派的行为，而是我之前所指出的在展览范围内外的基础设施行动主义。这些理念和方法正在重塑现代策展实践的种类和风格。全世界的策展人都意识到，现状与以往大为不同了，他们正在回应当代性的需求。简而言之，就是变得当代化了。每一种新的"转向"都是一种当代策展思维的体现，但它们是否是策展特有的思维模式？它们是否构成了一套连贯的思想体系？它们是否有必要这样做？

在纸上思考

正如我经常指出的那样，策展人持续以文本的形式反思他们的专业实践是很少见的，甚至有些人对理论辩论或学术论坛的形式感到反感。我们注意到，展览常常被视为一种自我表述的声明。策展人经常被邀请在各种场合谈论艺术。自20世纪90年代以来，我在一些文章中追踪了关于当代艺术策展思想的创造性、敏锐性和突破性，促使出版商将策展思想作为其出版物的卖点。这些文章无疑是清晰阐述策展思想的重要文献，因此，在探讨上述"转向"之前，我想先研究最近的一个实例，将其视为此问题的一个缩影：什么是当代策展思想？

2011年，菲登出版社出版了《定义当代艺术：25年间的200件关键艺术作品》（*Defining Contemporary Art: 25 Years in 200 Pivotal Artworks*）。该书自诩为"过去25年艺术发展的革命史"，并大胆断言在当代艺术史上是独一无二的：

自1986年以来的这25年是艺术史上最为生动的篇章之一，它从现代主义的废墟中崛起，涵盖了令人惊叹的多种新形式。同时，它也是最难以理解的时期之一。解读近期的事件绝非易事，但要理解当今去中心化、复杂且反叛的前卫艺术，则亟须创新的技术和方法。[3]

该书暂不讨论近期和当前其他某些相关出版物，而是继续写道，《定义当代艺术》是"第一部全面论述这一时期的著作"，"对当今我们所熟知的艺术形式进行一次全面的开创性研究"。《定义当代艺术》植根于当代艺术和策展的话语体系，它意识到：

这本书对艺术史的激进态度始于其结构。《定义当代艺术》由8位当今最受推崇的策展人汇编和撰写，每位策展人都见证并塑造了那个时期，书中讲述了在过去1/4个世纪里200件关键艺术作品的故事。这些作品有的广为人知，有的影响深远，它们都有一个共同的成就，即不可逆转地改变了艺术的进程。这些作品在此汇集，按时间顺序描绘了我们这个时代的艺术面貌，读者可以从中找到属于自己的样式。[4]

我们以阅读展览的方式深入体验这本书。菲登出版社已推出众多系列丛书，均采用这一阅读方式。其1995年启动的"当代艺术家"系列（Contemporary Artists series），以艺术家职业生涯中期回顾展的形式为基础，图文并茂地展现了艺术家的关键作品，还包括艺术家委托访谈、艺术家自述、由艺术家精选的相关文献、附有插图的展览清单和参考书目，以及由见解独到的学者撰写的评论文章。然而，布莱克·斯廷森（Blake Stimson）在2000年回顾该系列时，担心其形式中壮观的展览所引起的强烈共鸣，可能与当时"新艺术史"倡导的批判性视角相背离。[5]斯廷森的忧虑在塔森出版社的"当今艺术"（Art Now）系列中表现得更为显著：每位艺术家仅有两页展示篇幅，配以数张图片和少量信息，以及一句简短的"观点"作为引子的单行文字。在这种情境下，文化产业的市场导向占据了主导地位：塔森出版社凭借迎合那些注意力稀缺、追求即时满足的读者而蓬勃发展。令人遗憾的是，我们发现许多书店都不自觉地将其艺术书籍专区拱手让给了这家试图垄断市场、以图片集取代深度内容的出版社。

菲登出版社于1998年推出了"奶油"系列（Cream series），巧妙地玩味了"即将脱颖而出的当代最卓越的艺术"的概念,并以"策展人是最佳发现者"的宣传口号吸引读者。该系列每一册配有独特的装帧设计,分别是1998年的《奶油》(Cream)、2000年的《新鲜的奶油》(Fresh Cream)、2003年的《奶油3》(Cream 3)、2007年的《冰激凌:文化中的当代艺术》(Ice Cream: Contemporary Art in Culture)和2010年的《奶油味:文化中的当代艺术》(Creamier: Contemporary Art in Culture)。我们期待《最浓奶油》(Creamiest)的诞生,预想其后的当代艺术或将走向下坡路,换句话说,它将迎来转向。这些卷册收录了由十位新兴当代艺术策展人精选的一百位艺术家的作品,而非出自艺术评论家、理论家或艺术史学家。虽然每位策展人都为自己的选择提出了论据,并反思了当代艺术的发展趋势,但这一系列书籍的吸引力仍在于其独特且经过设计师精心打造的外观包装。编辑没有被列为主要作者,出版社自身即为该项目的策划者、艺术总监,或者称之为"策展人"。这些书籍默认,最前沿、最具当代性的艺术正是这些策展人所挑选的作品。毕竟,策展人与艺术生产和艺术家最为贴近,这是最不需要转译、最为直接的选择路径。策展人选择某位艺术家,仅仅出于策展人所主张的理念,未必需要一致性,也不要求他们的观点构成艺术批评的直觉、艺术理论概念或艺术史叙事。读者被邀请对作品做出自己的判断,接受策展人认为作品具有价值的观点。所有辅助信息都具有事实或观点的属性,没有任何信息是权威的。正如贾德的展览模式,或者在迪亚的展览项目中,结构本身就是在进行定义。翻动书页会产生意义,这些意义会被潜移默化地吸收,就像观察者在展览中漫步一样。

《定义当代艺术》的结构回应了《1900年以来的艺术》的编年表格形式:逐年报道、每年一件艺术品或一个艺术展览,以及由本书"作者"选定的内容。[6]《定义当代艺术》跨越了25年,之所以选择1986年作为起点,大概只是因为它比本书出版日期早25年,即一个世代，但书中并没有解释为何如此选择。书中没有任何引言，就像我们刚刚走进展览的第一个展厅时，是从杰夫·昆斯1986年的《兔子》(Rabbit)开始。我们遇到的第一句话，就像展墙上的说明文字，例如一条信息、一句描述、一个评价性指引或提问。策展人马西米利亚诺·吉奥尼表示："杰夫·昆斯的《兔子》是这整个十年间的典型形象和标志，具有非人工制作的冷峻。"[7]与《1900年以来的艺术》一样，该书最后也有一个圆桌讨论。至少前者的作者坦诚地承认，他们在2004年还无法自信地描述当代艺术，更不用说定义它了。也许到了2011年，"定义"一词的意义已经萎缩，或仅剩下模糊的余音。无论如何，这本书的标题暗示了策展思想在这个意义上是模糊的：它提供了可能成为权威定论的实例。

考虑为该项目召集"策展人"的质量，这场讨论是否为我们提供了了解当代策展最佳思想的平台？这本书的宣传语写道："本书的最后是一场圆桌讨论，八位作者在审议中探讨了这一时期的历史条件和主要议题。"来自菲登出版社的主持人克雷格·加勒特（Craig Garrett）提醒各位策展人，他们被要求从这一时期选出"25件你们认为至关重要的作品，也就是你们现在看了会说'在这之后，一切都变了'的作品"。[8]在我看来，八位策展人之间的讨论中出现了两种不同的视角，每种视角都有明确的陈述。吉奥尼表示："我特别喜欢这个出版项目的前提，即艺术作品是定义、转化和改变艺术的地方。这只是一部艺术作品史，而不是一部艺术史。"[9]恩维佐则认为："我在决定选择参展作品时，充分意识到当代艺术的准则正在被动摇，后殖民和全球环境正在影响着我们对整个20世纪所创作的艺术作品的认知体系；同时我也意识到，我的职业生涯中同样关注了这些观点，在我策划的展览和写作中都有明确的展示……结果很明显，这些作品都是能够经受得住分析和解读考验的伟大艺术作品。"[10]

吉奥尼的评论似乎在强调，艺术品本身在某种程度上已承载着思考本身，策展人的职责是将作品进行恰当展示，并将这种思考过程呈现给观众。在回应恩维佐的过程中，他以提问的形式进一步阐述了自己的核心观点："一件不论是物质的抑或非物质的对象或文化遗产如何能够实质性地影响艺术史，乃至重新定义艺术？这是否因为艺术品的物质性能够转变历史进程？还是如奥奎所示，是处在其被接受或分类的过程中？"[11]他更倾向第一种观点，但未对观点进行详细解释，在书中其他部分他对每件作品都进行了具体的阐述。他表示："我坚信艺术品的独特力量（再次强调我不想表现得像个单纯的形式主义者）在于它能够存在于不同的展览展示中，既能保持自身，又能呈现出全新的面貌。正是艺术品创造空间、塑造世界的能力，使其超越了展览的界限而存在。"[12]在思考"书即展览"这一概念的模糊性时，他表示："从这个意义上讲，展览或许并不具备与艺术品相同的力量，它们对我而言，就像是书的封面、版式和字体；而艺术品则如同小说，其真实所在并不确定。"[13]

恩维佐对这种做法持反对态度："《定义当代艺术》中的艺术作品与论坛内外的诸多作品进行了深入的讨论，它们的历史积淀给作品赋予了丰富的层次意义。每一件艺术品都是多元化的体现，而非单一的存在……[展览]（the exhibition）有助于构建一个分析框架，让我们能够体验并判断每件作品的独到之处。"[14]恩维佐是唯一深入研讨"这一时期的历史条件和主要议题"的发言者。尽管该书的标题让人期待更多，但或许由于圆桌讨论等形式的局限，讨论内容仅限于关于可能发生和可行之事的看法，并未足够关注策展人及策划人在展览内容中面对艺术世界所传达的信息，以及艺术对此可能产生的影响。

简要回顾一下之前的话题，另一位对话者丹尼尔·伯恩鲍姆认为，"我们这一代中没有人能够发展出像哈尔·福斯特（Hal Foster）那样强有力的理论，他试图系统地将战后艺术理论转化为一种生产力……我一直在思考，是否缺少一种问题模型来理解最近开始显现出来的重复和回归形式。"[15]鉴于前面提到的大型策展理念，这种说法如今并不准确。不过，这可能对他这一代的大多数策展人来说或许并非如此；尽管越来越多的策展人和他们同时代的艺术史学家一样，将20世纪60年代和70年代同时视为现代主义的晚期阶段和当代艺术的起源时期。[16]在这种回归中，某些策展人被视为这一变革时刻的重要推动者，将策展历史化的冲动是使策展成为当代艺术"转变"的关键因素之一。

历史化策展

建立独立的策展史，将极大地提升人们对于策展作为一项独立职业的认知，也有助于明确策展中的传统、现代和当代特征。当然，我们也希望策展工作能与艺术家、艺术史学家、艺术评论家、艺术受众者的关注点一致，以及与博物馆、收藏家、画廊主、艺术金融等的关系紧密相连，但又不从属于他们。目前关于这个问题的思考似乎在展览史和策展史之间来回摇摆。

自狄德罗（Diderot）记录了1759年至1779年间巴黎学院发起的年度"沙龙"（Salons）展览起，展览便成为艺术批评的集中地。19世纪50年代，独立展览开始与官方沙龙形成对立，成为现实主义作品的宣传阵地［如1855年库尔贝（Courbet）的作品］。随后，在马奈（Manet）和卡耶博特（Caillebotte）等资金雄厚的艺术家的支持下，又为印象派艺术提供了舞台，并推动其兴起。展览这种形式在20世纪先锋艺术和专业艺术史研究及大众传播中都占据了重要地位，这如同宣言一样，艺术家们自发组织的群体展览是艺术家界定自己个人风格和挑战公众认知的主要手段之一。[17]英国展览史的研究可以追溯到19世纪中叶，这不足为奇，因为当时艺术、设计和制造业的公共展览蓬勃发展，从那时起在英国及其殖民地产生了显著的共鸣。[18]

在欧洲、美国和拉丁美洲，策展人、评论家和艺术史学家对于20世纪六七十年代的案例更感兴趣，即策展人作为艺术家初期阶段的研究者。同时，学界普遍存在着对当代艺术现状起源的好奇。对展览史的研究之所以如今备受关注，这背后的原因清晰可见：自20世纪90年代起，展览已经成为连接艺术创作者、传播者、阐释者与其日益增加且多元化的观众群体之间的重要桥梁。

近年来，艺术史学者对展览在艺术史中的角色产生了浓厚的兴趣，同时，策展人对于策展的历史也表现出强烈的好奇心，可以看出他们的前辈在策展领域发挥了关键作用。汉斯·乌尔里希·奥布里斯特作为领军人物，致力于口述历史，还通过丰富多样的展览策划和项目实践推动该领域。在他的著作《策展简史》（A Brief History of Curating）中，致力于为那些具有开拓精神的展览创作者提供一个发声的平台，让他们分享自己的故事，将他们参与或仍在参与的策展网络历史化，并将这些声音融入关于策展持续的、累积的集体记忆中。[19]这是一项由策展人自己撰写的，或更确切地说，是在不断对话中"发声"的历史，而非以往常见的由艺术或文化历史学家代为其撰写。有趣的是，奥布里斯特如此依赖并热衷于采用访谈形式作为这部作品的呈现方式。[20]在他看来，理想的访谈模式并非策展人之间的一次简单交流，而是如英国艺术评论家兼策展人大卫·西尔维斯特（David Sylvester）对艺术家弗朗西斯·培根（Francis Bacon）进行的长期访谈（1962—1986年）那样深入且持久的对话。[21]

正如延斯·霍夫曼（Jens Hoffmann）和塔拉·麦克道尔（Tara McDowell）所说，持续关注展览史是一项"相当艰巨"的任务：

除了关注展览的组织、布展和观众反应外，还要考虑展览出现的历史特定性，展览与当代实践的相关性，以及展览与市场及现场地点的物质关系，当然最重要的就是展览中的作品。[22]

此外，还要考虑那些被排除的作品及其原因，如"被遗忘的艺术家、失败的艺术作品、次要的或过渡性的努力"。策展人的盲点或失误就更不用说了，毕竟，在这样的叙述中，策展人将成为英雄、反派或平庸之辈。然而，在面对完整性这一不可能甚至是荒谬的要求所带来的恐惧时，要保持洞察力，我们应注意到，这些挑战曾伴随艺术历史的形成，特别是在19世纪中叶至晚期，艺术成为现代大学学科的过程中。尽管存在不足之处，艺术史学家作为一个庞大的群体，已经多次应对过这样的挑战。

这一群体的一个关键组成部分是各地博物馆的策展人所从事的艺术史基础工作。书写艺术史是重新呈现藏品的标准理由，也常常驱动着以馆藏为基础的临时展览，这些展览往往通过精选借展得以更加丰富。广泛的艺术史普及教育往往是借助知名博物馆藏品进行展览的一个重要原因。专题展览的核心目的往往旨在为著名艺术家的作品故事添彩，赋予其更深的内涵、更丰富的细节或更多变的视角。众多大型博物馆在厚重的图录中插入学术文章已成为常规的形式。对某些出版商来说，如耶鲁大学出版社，其展览图录的数量甚至已超过传统的艺术史研究内容。搜集、整理与馆藏艺术品相关的各类信息是博物馆工作的基石，也是策展人在博物馆及私人收藏领域工作的核心组成部分。那么，艺术史知识对于展览综合体中其他策展活动的意义又有多大呢？

在20世纪80和90年代，双年展在全球范围内迅速兴起，其核心宗旨是将来自其他地方的当代艺术与本土创作并置，而"历史"展览则通常用来强化这种目的。这些"历史"展览往往聚焦于策展人的理念，侧重于展览主题、对本土艺术家和早期前卫艺术对观众美学教育息息相关的内容。以1979年"欧洲对话"（European Dialogue）为起点，尼克·沃特洛负责的悉尼双年展便自然融入了此特色。尤其值得一提的是1988年的"来自南十字星；1940—1988世界艺术大观"

（From the Southern Cross; A View of World Art c.1940-1988），该展览首次将澳大利亚少数杰出的前辈艺术家与其他国家艺术家的作品并列展出。[23]这种包容性对他的策展目的至关重要：表明澳大利亚艺术的创新既源于其自身，也受到外来艺术的影响。虽然这一做法看似不同寻常，但澳大利亚曾作为长达两世纪的英国殖民地，及后来又深受美国文化的影响，使得重新审视和定位澳大利亚艺术显得尤为重要。鉴于澳大利亚在20世纪早期和中期对欧洲先锋派艺术作品的收藏几乎是一片空白，那些艺术史上的早期作品经常在随后的双年展中频繁出现，如勒内·布洛克在1990年、林恩·库克在1996年和卡罗琳·克里斯托夫-巴卡捷夫（Carolyn Christov-Bakargiev）在2010年所策划的展览。同时，将这类早期作品根据当地需求进行针对性展示，也是全球双年展的一大特色。例如，在2005年的"南方共同市场双年展"中，重要艺术家如利贾·克拉克（Lygia Clark）、埃利奥·奥伊蒂西卡，以及其他具体主义和新具体主义艺术家的作品得到了展出；2007年的第12届文献展（Documenta 12）则因其将早期女性主义艺术，如乔·斯宾塞（Jo Spence），叛逆的艺术家，如李·洛扎诺（Lee Lozano）、胡安·达维拉（Juan Davila），以及鲜为人知的极简主义艺术家，如夏洛特·波森（Charlotte Posenenske）的重要作品融入对当代艺术的探讨中，给许多人留下了深刻印象。

　　那么，对于不确定的、超出预期的又或是出乎意料的结果又该如何看待呢？这些都是许多展览的关键特质所在：杰出的策展人会把握机遇并着力让观众意识到这一点。这也是策展工作与艺术评论、艺术史乃至艺术本身之间的显著区别，当然这并不意味着与艺术本身无关。当作品相互展出时，便可能在观者的视野中激发出意想不到的关联；而当展览转移至另一场地时，其叙述方式也会发生微妙的或是显著的变化。冒险展示一件尚未完工或鲜为人知的作品，可能会扭曲展览的整体效果。以1988年澳大利亚双年展为例，沃特洛着力探讨了"地方主义"这一白人艺术家面临的议题。他仅部分地预见到《原住民纪念碑》的影响力，这件作品由北部地区拉明宁镇（Ramingining）的男性原住民所绘制，由200个空心树干棺材组成的装置。作品在展览前几个月制作并在展览上首次展出，成为对英国殖民者定居非洲大陆二百周年官方庆祝活动长达一年之久的暗讽和批判的"反纪念碑"。这件作品在唤起原住民所遭受苦难的同时，也肯定了原住民的顽强精神，特别是通过原住民丰富的视觉文化成果中得到了体现。[24]《原住民纪念碑》是在展览策划后期由原住民艺术顾问乔恩·蒙丁（Djon Mundin）介入添加的，该作品展出于悉尼港延伸的一个码头。正如沃特洛所承认的那样，《原住民纪念碑》成了"本届双年展中最重要的一项宣言"，突出了"对于许多艺术家而言，尤其是在20世纪，原住民的存在是我们这个世界上最具文明意义和创造性挑战的元素"的信念。[25]尽管策展人对于当代生活中关键因素的艺术呈现持开放态度已被记录在案，但奇

拉明宁艺术家，《原住民纪念碑》(Aboriginal Memorial)，1988年。混合介质，尺寸可变。展览现场，2/3号码头，悉尼第七届双年展。策展人：尼克·沃特洛

当今的策展实践

怪的是他们未曾记下自己的劳动成果，这让人不禁思考，还有多少类似的瞬间未能被记载下来呢？

这件如此感人的作品，也可以看作增加了艺术史学家提供的艺术作品之间，以及艺术作品与"时代"之间关系的整体叙事。这种叙事包含了特定作品的展览史实、某些艺术家作品的接受史或某个艺术运动的历史。这又让我们回到了一个问题，策划展览史与策展史的概念化、研究和撰写究竟有什么不同？目前，一个显而易见的差异在于风格：奥布里斯特的研究方法非常具有对话性；他通过对话和DIY策略进行研究，这些策略再次与他同时代的艺术家不谋而合。现在还为时尚早，因此我们不能期望出现经过时间检验的多种相互竞争的方法，这些方法的优点会随着时间的推移而不断完善，其弱点则会作为原始伤口被暴露出来，而这正是艺术批评和艺术史的特点，这两门学科的形式已经历了两百年的发展。我们不能期望人们对艺术史学，即编写艺术史的理论和历史产生浓厚且深刻的兴趣。[26]但我们可以期待，以策展的视角来看待策展史，可能会带来一种不同类型的历史回顾方式，它将与艺术或文化史学家在关注展览历史时产生的叙述有所不同。

再策展

一些策展人对20世纪60和70年代那些挑战艺术与现实生活界限的展览和事件抱有浓厚的兴趣。他们重新审视这些历史事件，不仅是为了还原被遗忘的历史或纠正扭曲的记忆，还希望通过重现过去的展览或开发一个重新构思过去展览或事件的全新展览，以再次思考当前的实践行动。1968年，丹麦艺术家帕勒·尼尔森（Palle Nielsen）说服本图斯·胡尔滕授权将现代博物馆的主要展厅改造成儿童游乐场，以呈现他的装置作品《模型：定性社会的模型》(*Modellen: En modell för ett kvalitativt samhälle*，以下简称《模型》)。拉尔斯·邦·拉森 (Lars Bang Larsen) 描述了当时的场景：

在整个展览期间，孩子们可以使用各种工具、颜料、建筑材料、织物等工具进行创造，皇家剧院捐赠了不同时代的服装供孩子们进行角色扮演。直至今日，这项教育艺术项目的噪声分贝在艺术史上都是史无前例的，展厅的每个角落都放置了扬声器塔，孩子们操作着唱片机，播放各种流派的音乐，甚至把文艺复兴时期的舞曲以震耳欲聋的音量播放出来。在餐厅里，几台带有实时转播的电视屏幕为焦虑的家长提供全方位的监控，也让参观者能够观察到孩子们的交流细节。游乐场的建筑具象化了教育目标，即创造一个受到保护又具有教育赋权的环境，所有斯德哥尔摩的孩子都可以自由进入（成人则需要支付5克朗的门票）。在为期三周的展览期间，《模型》接待了超过3.3万名游客，其中2万名是儿童。[27]

他从"社会美学"(social aesthetics) 理论的角度来阐释博物馆的

帕勒·尼尔森，《模型：定性社会的模型》，1968年。混合介质，尺寸可变

影响力，在这个理论中，博物馆作为一种社会连接器或称之为"助推器"，发挥着至关重要的作用：

他通过《模型》，探讨了儿童早期的社会关系如何塑造成年个体。因此，创造力和体验式接触被激发出来，作为赋予人类需求优先级的方式，从而承认"有素质的人"（qualitative human being）作为社会个体的身份，对团体关系的巨大需求和作为对抗权威社会的必要性变得显而易见。《模型》接受了"白立方"作为"自由"拓扑前提：自由指的是公众可以自由进入，在公共可及性上强调了《模型》的反精英主义立场；自由是指在艺术机构中插入的内容会自动使其存在合法化，或者至少他们是这么告诉我们的。因此，《模型》接纳了艺术机构作为一种特殊定位的文化载体，其传达的信息能够弹射到社会中。

拉森和玛丽亚·林德目前正在斯德哥尔摩的另一个场馆——滕斯塔·康斯霍尔艺术中心（Tensta Konsthall）进行一个名为"新模型"（The New Model）的项目，目的是重新审视这一项目的遗产价值。该

"新模型"研讨会，滕斯塔·康斯霍尔艺术中心，2012年3月11日。帕勒·尼尔森、古尼拉·伦达尔和埃里克·斯滕伯格的问答。策展人：玛丽亚·林德，拉尔斯·邦·拉森

1971年3月30日,《巴西报纸》(Jornal do Brasil)的报道文章,关于"创造星期天",1971年在里约热内卢现代艺术博物馆举办的一系列六场参与式艺术活动

"掌声大棚"(Galpão Aplauso),《受埃利奥·奥伊蒂西卡启发的表演》(Performance inspired by Helio Oiticica),2010年3月6日。图片来自 DouAções(Action Gifts),这是一个里约热内卢现代艺术博物馆教育与艺术实验核心项目

项目以研讨会、讨论活动、展览和艺术家驻地计划的方式进行,旨在从中涌现出新的艺术作品和理念。也许这将导致对当下意义的反思性叙述[28],也许它将以一种特别的策展视角展开。

本着同样的精神,在里约热内卢现代艺术博物馆,由策展人兼教育家杰西卡·戈根与路易斯·吉列尔梅·维加拉(Luiz Guilherme Vergara)共同主持的教育与艺术实验中心正在与博物馆悠久的机构历史及其独有的地位构建深入对话。该馆曾在20世纪50至70年代成为实验艺术发生的重要中心。自2010年以来,核心画廊(Nucleus)试图重新探索这段历史,目的不是为了重复过去,而是重拾那些被遗忘的美术馆往事,并从过往的实验艺术中汲取灵感,为当下艺术探索提供新的可能性。在一个常常忽视历史,基础设施又不甚健全的背景下,这样的努力显得尤为重要。[29]

2008年底,东区项目(Eastside Projects,自称"位于伯明翰市中心东区复兴区中心地带的新艺术家自营画廊,同时也是一个实验性的公共空间"),推出了名为"这就是画廊,画廊是万物"(This is the Gallery and the Gallery is Many Thing)的项目。在九周的时间里,画廊展出了一系列不断累积的装置作品,这些作品的灵感都源于"画廊作为持续进行的艺术作品"的三个早期范例。第一个是埃尔·利西茨基(El Lissitzky)为1926年德累斯顿国际艺术展设计的《抽象柜》(Abstract Cabinet),后来被安装在汉诺威博物馆,是前卫艺术家为他人的作品设计空间的著名范例之一。第二个灵感来自英国无政府主义艺术家彼得·纳丁(Peter Nadin)。1978年,纳丁与克里斯托弗·达阿坎杰洛(Christopher D'Arcangelo)和尼克·劳森(Nick Lawson)共同策划了一个名为"此空间展示的作品"(The work shown in this space)的项目,邀请丹尼尔·布伦、劳伦斯·维纳(Lawrence Weiner)、丹·格雷厄姆(Dan Graham)、路易丝·劳勒(Louise

Lawler）等艺术家创作回应展出的作品。第三个展览则为本次活动提供了标题，即"这就是画廊，画廊是万物"。该展览由巴特·德巴尔（Bart de Baere）策划，于1994年在根特的当代艺术博物馆（Museum van Hedendaage Kunst, Ghent）展出。该展览的独特之处在于参展的艺术家们通过工作坊的形式共同探讨了策划展览的可能性。东区项目将其座右铭定为彼得·纳丁在1978年的一句话："我们聚集在一起进行基础建设，改造或翻新现有结构，以此作为在资本主义经济中生存的手段。"[30]

在此是否存在一种新兴趋势，虽然很微妙，但我们可以将其称为与当前复演（reperformance）风潮并行的"再策展"（recurating）？假如确实如此，其宗旨似乎并不在于单纯古董式的重演，而是致力于打造一场与当下议题紧密相关的当代展览。我们固然希望唤起原展览的神韵氛围，但同时也有必要以现代的视角赋予其新的生命。以2010年玛丽娜·阿布拉莫维奇(Marina Abramović）在纽约现代艺术博物馆的展览为例，她便受到了这种双重效果的启发：由她指导的年轻表演者们以类似且经过"提纯"（sanitized）的形式重新演绎了她的50件行为艺术作品，同时，在展览期间，阿布拉莫维奇本人还在二楼的主展厅中展现了她的一项新作表演。作品《艺术家在场》(*The Artist is Present*）重新演绎了艺术家阿布拉莫维奇与乌雷（Ulay）在1981年至1987年间共同完成的22次行为表演《夜海穿越》(*Night Sea Crossing*）。这些表演曾在澳大利亚、欧洲等地的多个博物馆上演，部分表演还邀请了中国藏传佛教喇嘛和来自澳大利亚中部沙漠的平图琵部落成员参与。两位艺术家隔着一张简单的桌子面对面坐着，进行七小时的对峙。在现代艺术博物馆，阿布拉莫维奇静坐不动，与任何选择坐下的观众进行眼神交流，直到对方无法继续为止，这样的表演每天都会在固定的时间段进行。这种模式只有一次被打破，那就是乌雷来访时，两位艺术家

玛丽娜·阿布拉莫维奇,《艺术家在场》,2010年。图片来自纽约现代艺术博物馆的表演

玛丽娜·阿布拉莫维奇和乌雷,《夜海穿越》,1981年。图片来自悉尼新南威尔士州美术馆中为期16天的表演现场

都把手伸到了桌子上，进行了很长时间的握手。这种"重复"的表演并不会给人带来传统意义上的保守或陈旧之感，这其中所传达的情感与2010年9月纽约玛丽安·古德曼画廊（Marian Goodman Gallery）展出的马塞尔·布鲁泰尔斯1972年的作品《电影部门》（*Section Cinéma*）中弥漫的氛围正好相反。当然，布鲁泰尔斯的原始装置也不乏古董主义，但古德曼的展览并未使其显得更具当代性，可能是因为其目的是尽可能地以最接近其初始状态的形式出售原作。[31]

我们正在讨论的是展现记忆的层叠和时间的对位，即记忆和时间是如何在展览中显现的艺术。塔西塔·迪恩（Tacita Dean）等艺术家以各种方式探讨了这些问题，其中一个途径是研究上一代艺术家［如马塞尔·布鲁泰尔斯、约瑟夫·博伊斯（Joseph Beuys）、马里奥·梅尔兹（Mario Merz）、约翰·凯奇（John Cage）和梅西·肯宁汉（Merce Cunningham）］的工作生活，包括这些艺术家所偏好的展览空间类型。迪恩的《达姆施塔特工作坊》（*Darmstädter Werkblock*）一书专注于对约瑟夫·博伊斯工作室的深入考察，博伊斯从1970年开始在那里创作著名的装置作品《博伊斯之块》（*Block Beuys*），这是一个非正式的个人作品博物馆，其中包括《奥斯维辛的抗议行动》（*Auschwitz Demonstration, 1956-1964*）和《马塞尔·杜尚的沉默被高估》（*The Silence of Marcel Duchamp is Overrated, 1964*）等重要作品的道具。在《达姆施塔特工作坊》的电影和小册子中，迪恩避免使用博伊斯作品的图像（由于遗产所有者对版权的坚持，她被禁止复制这些作品），而是专注于环境布景上，包括墙面、隔热材料、展台、加热器和建筑细节。时间的流逝在一只死去的苍蝇的特写镜头中得以暗示，这些元素的腐烂迹象明显可见，以及工作人员用绷带修补它们时的可爱和努力。奇妙的是，每一种颜色、质地和修复手势都与博伊斯作品中的元素产生共鸣，包括他不断努力策划自己的作品，以略微修改甚至有时大幅修改的版本重新展出。[32]

在利亚姆·吉利克的作品中，我们看到了对回顾的预期，它同样构成了约瑟芬·梅克塞珀（Josephine Meckseper）等艺术家创作的核心议题。[33]当策展人化身为时间混音师，这种转变是否会应运而生？有意识地重现历史展览，并将当代元素融入其中，或许会不期然地营造出一种效果：那些当代元素仿佛穿越了时空，显得奇异而遥远，与其原初位置产生了一种难以言喻的隔阂，并非自然而然地呈现为衍生之作，其当代性往往要在日后才逐步显现。延斯·霍夫曼在《当态度成为形式，形式再成为态度》（When Attitudes Became Form Become Attitudes）中探讨了这个问题。其以"脚本与展示"的形式呈现（包括展览、书籍及一系列讨论活动），致力于探讨哈拉尔德·泽曼1969年备受瞩目的展览"活在你的脑海中：当态度成为形式：作品—概念—过程—情境—信息"背后的"历史与神话"。2012年秋，在旧金山的CAA瓦蒂斯艺术学院，一场别开生面的展览以"修复/重制/复兴/反叛"（A Restoration/ARemake/A Rejuvenation/A Rebellion）为副标题，展出了69位艺术家（与原展览艺术家人数一致）"在观念艺术传统下的创作"。根据我所引的新闻稿，艺术家们受邀展出"已有作品和委托创作的全新作品，并汇集了'当态度成为形式'的档案资料、平面图、展场照片，以及最初参与的艺术家提供的各类临时素材"。这些元素将同场展出："因为本次展览并未割裂过去与现在，而是将'当态度成为形式'视为一种持续活跃的历史。因此，文献与历史资料将和当代艺术作品一同呈现。"在现代性的辩证逻辑中，"当态度成为形式"若被视为一种"生动的历史"，那么《当态度成为形式，形式再成为态度》可能会面临成为一个"消逝当下"的纪念碑的风险，或者为受到过度怀旧所侵扰的"现实生活"而进行"防腐"处理。[34]然而，如果流行文化，尤其是流行音乐，沉溺于自身的过往，那么当代艺术与策展虽然也有重组再创作的本能，却会在有意识地反思时更倾向于将这种本能放入更具历史意识的比较架构中。在《当态度成为形式，形式再成为态度》这类项目中，目标是探讨在重新审视一个高度自省的晚期现代的展览活动时所涉及的复杂的当代性问题，以激发另一场当代事件。这类项目正是我在前一章探讨的广义当代性策展实践中更为具体、具有元批判性质的实例。

马西米利亚诺·吉奥尼在2010年光州双年展中也展示了迈克·凯利（Mike Kelley）的部分不完美的复刻作品，显示出他对近期过去再策展的本能倾向。吉奥尼希望这一作品能够成为他展览中一系列当代作品的历史性对照点。正如之前所提到的，奥奎·恩维佐在2008年年鉴展中对双年展形式的状况给出了更具总结性的评论，其中主要包括他在过去12个月内于世界各地看到的各类展览的重新演绎。在2009年被认定为"欧洲文化之都"的维尔纽斯（Vilnius），西蒙·里斯（Simon Rees）策划了"代码共享：5大洲，10个双年展，20位艺术家"（Code Share: 5 continents, 10 biennales, 20 artists）展览，该展览在当代艺术中心展出，汇集了过去几年在世界各地十个双年展上展出的作品，旨在描绘国际艺术及其策展中的交流体系。我在关于重新构想博物馆的评论中将讨论查尔斯·埃舍的一些项目。纽约e-flux的展览空间通常用于回顾展或展示未实现的项目，也包括那些已经计划但未能举办的展览。

这些举措似乎都有一种隐含的愿望，即建立一种策展历史，明确展览之间的对话，以及从另一位策展人案例中不断学习，这便构成了大多数策展讨论的实质。展览本身比任何书面记录都更像是策展人用来相互交流的互文，而这种交流已经持续了至少两个世纪。[35]尽管如此，这种交流通常几乎没有留下多少书面痕迹。重新策划使展览交流变得可见并将其公之于众。我们期待重新策划的展览将继续为它们所唤起和探讨的主题增添意义，希望它们能够将激发其灵感的反思性作为展览活动应用于自身——希望它们的策展人能够将自己的工作过程以及对其努力的回应存档；即使当展品撤下时，也并不是"展览到此就结束"的圣旨。

新生的策展历史正处于何种状态？一个非常具有参考性的信息是2012年1月在莱比锡国际视觉艺术学院策展文化工作室（the Cultures of the Curatorial and Studio International Academy of Visual Arts）举行的"时间：论展览的时间维度"（TIMING: On the Temporal Dimension of Exhibiting）会议征集告示。征集内容如下：

在对展览中的艺术观察和策展形式进行分析时，经常会提到过程性和表演性，最近甚至涉及戏剧性和编排性。尽管空间仍然是主要的参考范畴；而展览的时间维度尚未得到深入研究。梳理过去二十年以来有关这一主题讨论的内容可以看出，展览实践在更广泛的文化和经济全球化背景下的变化——时代背景与加速度、过程性、行动导向和流动性等概念密切相关。在这种背景下，展览成为一个跨学科和跨文化的空间，也是一个公共和社会领域。它表现为一系列时空关系，一种从本质上就具有时间性的媒介：既是一种具有明确期限的展示形式，也是一种将不同参与者，从展品到艺术家和策展人，再到观众和机构汇聚在一起的事件。因此，显而易见的是21世纪初的美学、社会和经济问题贯穿于以展览和时间为轴线框架下的领域。[36]

虽然现在定义这些"重复实验"将把我们引向何方也许还为时过早，但每个对重复及其影响感兴趣的人都可以向这方面的权威请教：索伦·克尔凯郭尔（Søren Kierkegaard）的《重复：实验心理学的冒险》（*Repetition: A Venture in Experimental Psychology*, 1843）至今仍是对试图重复曾经存在过的事物的不可行性和这种尝试的迫切必要性最有说服力的论述。[37]

展览实践中的创新

奥布里斯特在谈到他和侯瀚如在1997年至1998年期间共同策划的展览"移动中的城市"所依据的策展思维时,回忆道:

如果考虑此类经验的历史先例,亚历山大·多纳(Alexander Dorner)是整体普遍性的代表,但我可能更关注哈拉尔德·泽曼1969年的展览"当态度成为形式"。泽曼采用了非常开放的研究方法,让展览自然而然地生成。这个想法是要使展览富有突破性,打破许多关于博物馆展览的规则。在"移动中的城市"展览中,我们直到最后一刻才加入艺术家,展览图录也是在开幕前一天完成的,否则就会过早地僵化整个策展过程。

该展览先后在丹麦胡梅尔贝克的路易斯安那博物馆、波尔多的CAPC当代艺术博物馆、伦敦的海沃德画廊、赫尔辛基的奇亚斯玛当

"移动中的城市:21世纪之交的当代亚洲艺术",维也纳分离派展览馆,维也纳,1997年。策展人:汉斯·乌尔里希·奥布里斯特和侯瀚如

代艺术博物馆和纽约的PS1美术馆巡回举办。每次展览移至新场地时，我们都会邀请一位建筑师来重新构建前一个展览的空间。其中卡斯帕·柯尼希（Kaspar König）教会了我如何思考建筑；理查德·汉密尔顿（Richard Hamilton）则告诉我，做展览时，如果不创造一种新的展示方式，就注定会被遗忘。[38]

2002年的第11届文献展被公认为对双年展形式的典范性创新，这首先归功于艺术总监奥奎·恩维佐对"平台"概念的运用。其中四个平台以会议、辩论和工作坊的形式呈现，随后推出的出版物中，项目组委会与维也纳、柏林、新德里、圣卢西亚和拉各斯等世界各地的重要学者合作交流，围绕全球关切的关键议题进行讨论，包括"未实现

因卡·修尼巴尔（Yinka Shonibare），《风流和罪恶的对话》（Gallantery and Criminal Conversation），2002年。混合介质，尺寸可变。展览现场，第11届文献展，卡塞尔，2002年。艺术总监：奥奎·恩维佐。联合策展人：卡洛斯·巴苏阿尔多、乌特·梅塔·鲍尔（Ute Meta Bauer）、苏珊娜·盖兹（Susanne Ghez）、萨拉特·马哈拉杰（Sarat Maharaj）、马克·纳什（Mark Nash）和奥克塔维奥·扎亚（Octavio Zaya）

的民主""真理实验""克里奥尔性与克里奥尔化""被围困的四个非洲城市"。最后还有第五个平台,即在卡塞尔举办的展览。恩维佐明确表达了自己的目标:挑战他认为在大型展览中被制度化的、以欧洲为中心的西方先锋艺术观念。他的目标不仅体现在选题的分量和性质上,也不止步于在论坛上公开质疑,更是对展览形式本身提出质疑。"作为一个展览项目,第11届文献展从纯粹的域外性角度出发:首先,将其历史背景置换到卡塞尔;其次,跳出画廊空间的范畴,转向话语领域;最后,将构成和界定该项目的知识结构与文化构架的学科模式进行扩展。"[39]该项目的有效性可以从最初对其反应的深度,以及其作为一种范式的潜力和持久性来衡量。

2003年威尼斯双年展总监弗朗切斯科·博纳米以"观众的独裁"(The Dictatorship of the Viewer)为题,将展览场地划分为11个单元,并邀请相应数量的策展人在每个场地举办独立但又彼此联系的展览。他将哲学家爱德华·格利桑对欧美全球化所追求的同质化的批判性论述,以及他对全球化(mondialité)的反义描绘(counterpicture)融入双年展的话语设计。[40]本着同样的精神,奥布里斯特回忆道,他与艺术史学家莫莉·奈斯比特(Molly Nesbitt)、艺术家里克力·提拉瓦尼在此次展览中共同策划了"乌托邦车站"(Utopia Station)单元:

自20世纪90年代中期以来,我们的许多巡回展览都试图实现这一目标,几乎创造出一种疯狂的算法式旅行,如1996年的"生命/生存"(Life/Live)、1998年的"白夜"(Nuit Blanche)、2006至2007年的"不确定的美国状态:第三个千年的美国艺术"(Uncertain States of America: American Art in the 3rd Millenium),以及最近2011至2012年的"印第安公路"(Indian Highway)等。这些展览涉及大量的自我组织和基层研究,它们并非硬性的同质架构,但确实参与了这种潜在的全球对话,以期激发出新的差异。正因如此,这些展览即便重复举行,也绝不会有两次相同的体验。[41]

  为什么展览从开幕到闭幕都保持不变？为什么它们要遵守小规模展览通常是三周、大规模展览是两三个月的标准时间开放？难道它们不能成为不断被访客改变的事件，并以响应需求的方式和时间呈现？奥布里斯特的职业生涯充满了这样的举措，尤其自1993年开始举办的"去做吧"（Do It）系列展览，就是将艺术家为其作品的目标观者所撰写的观看指南作为策展依据。策展人受此启发，以目的为导向调整展览结构，而不是将目的适应于传统的展览模式，这就是对展览基础架构重新思考的方式。

  显然，策展人在工作中所处的沟通环境一直在不断变化，这深刻地影响了展览的性质。我们可以问，为什么当展品被移除时展览就应该被视为结束了呢？从常识的角度来看，这个问题似乎毫无意义。与永久性或长期展陈相比，安装和拆除的行为便象征着展览的某些限制条件。例如，展厅要为下一次展览腾出空间，否则博物馆、空间或网页就会被定格在某一时刻，游客也就没有多少理由再次参观了。从这个角度来看，博物馆和画廊的结构类似于剧院和音乐厅：演出具有季节性，而展览则有展期。我们不会只为了某一场演出而专程前往音乐会，而是为了丰富或加深我们对某种特定音乐类型的理解，确切地说是对音乐本身的体验。对于这种基本活动来说，更新换代是至关重要的。另外，我们也可以通过收音机、各种类型的播放器、iPod和便携式屏幕设备等方式看演出。在繁杂的经济体中，消费者越来越期望能够随时随地进行选择、聆听和浏览，还期望能够有一个渠道来不受限制地访问过往演出的档案，且能即时获取新资源。对新资源的开放不再意味着抹消过去，而是二者都可以通过同一个页面在云端共存，只需点击几下即可访问。像YouTube等网站扩大了人们获取各种音乐的途径，通过这样的类比，只要博物馆能够继续举办展览，在实际场所举办的特定艺术展览或活动就可能会不断地被下一场取代，但每个展览并不会因为这种取代而消失。相反，它可以通过留下的痕迹，在"历届展览"的链接下延续存在。虽然目前来看，这些链接是相对小型且短暂的，就像大多数在YouTube上消费音乐的方式一样，但是它们也揭示出当下策展亟须应对的挑战和机遇，即如何跨越这些多样化形式并在当代的时间中进行策展。

如今，展览分布在城市的各个场馆已经非常普遍，2009年伊斯坦布尔双年展的策展团队WHW（What, How & For Whom）便采用了这种方式。由延斯·霍夫曼和阿德里亚诺·佩德罗萨（Adriano Pedrosa）担任策展人的2011年双年展则回归到博物馆的环境中，举办了5场群展和50场个展，所有展览都以已故艺术家费利克斯·冈萨雷斯-托雷斯的5件"无题"作品作为灵感来源。"平台"理念是2012年第九届光州双年展的实际主题，以"圆桌会议"（Roundtable）为标题举办展览、讨论和活动。6位艺术总监均为女性，她们所确定的主题正是策展界当前普遍关注的问题："集体主义的形式及其批判""识别替代逻辑和连通性视野中的个人精神""归属感与匿名性""重访历史"和"流动性对空间和时间的影响"[42]。尽管这些语言在翻译中可能显得模糊，但这里涉及的是切实的议题，我们希望这些议题能够在双年展中浮现出水面。

从这种每次都要重塑展览本身的倾向中，我们可以得出什么具有普适性的经验教训呢？显然，关键并不在于重塑双年展、博物馆或"展览"本身的形式，而在于我们生活的世界要求每个人重新审视自己与时代的关系——这种审视"毫无幻想，也无可推脱"，当人们沉浸于混乱时，这一任务似乎尤为艰巨。在近几个世纪发展起来的公共公民身份与私人自我身份之间的诸多交叉地带中，各类展览，尤其是艺术展览，为我们提供了一个时限性的协商场所。这是一个相对开放却又有限的空间，它借助新的交流形式或许能存续更久。展览构成了一种途径，物品、图像和思想可以被转化成各种符号，以预示现实重构的形式进行排列。以"如果……会怎样？"（What if？）为临时构想，这些展览通常基于选择而非强制原则开放参观。在强调壮观与强制的社会背景下，展览的这些核心要素显得尤为稀有而珍贵，不应被视为理所当然的。

重新构想博物馆

在当今的博物馆策展人中，如何摈弃"临时性"展览、"永久性"展览的分类方式，如同机构批判艺术家那样具有指向性，明确体现出其具有的批判性的制度？现任埃因霍温范纳贝博物馆馆长查尔斯·埃舍或有此潜力。在他看来，21世纪的艺术博物馆应该是"一种接近于部分社区中心、部分实验室、部分学术机构的混合体，与既定的展陈功能并存"，能够"鼓励生成分歧、不协调、不确定性和不可预知的结果"。[43] 2007年至2009年期间，埃舍与范纳贝博物馆首席策展人安妮·弗莱彻一起，带领合作团队，通过"成为荷兰人"[Be(com)ing Dutch]项目，试图在全国范围内践行这一理想。该项目的核心议题是"艺术能否为我们提供'今天如何共同生活'的替代性思考范例……从而对我们的文化身份观念施加压力，并审视当前社会的包容与排异现象。"[44] 体现这个项目背后的核心理念的一个有趣标志，是与其相关网站的"词典"链接：按照维基百科的模式，参与者可以为关键术语提供定义，如"成为"[be(com)ing]、"荷兰"（dutch）、"多样性"（diversity）、"现代主义（及其延伸）"[modernism(s)]、"艺术"（art）等，其中大多数似乎都是由埃舍和弗莱彻撰写的。[45] 由于荷兰国内在种族和宗教问题上分歧严重，特别是在移民的形象上，国家身份成为公开辩论的话题焦点。因此，其中两位艺术家在他们的作品《阅读面具：

传统并非天赐》(Read the Masks: Tradition Is Not Given)中举行了一场公共示威活动,质疑广受欢迎的传统圣诞人物"黑彼得"(Zwarte Piet)的意识形态负担时,该项目遭遇了瓶颈。[46]部分被冒犯的公众的强烈反应以及新闻媒体的压力迫使博物馆采取了退让态度。

如果"成为荷兰人"项目将博物馆作为一个国家审视自身的基础,那么"玩玩范纳贝"(Play Van Abbe)项目则将目光对准了博物馆本身。从2009年底开始的18个月里,博物馆根据一部有剧本但没有固定结局的歌剧组织了整个活动,这部歌剧共分为四部分,每一部分都探讨了不同的主题。第一部分"游戏与玩家"(The Game and the Players)提出了这样的问题:"在一个博物馆中,谁是'玩家'?他们讲述了哪些故事? 1983年的藏品是如何展示的?而在2009年又是如何被看待

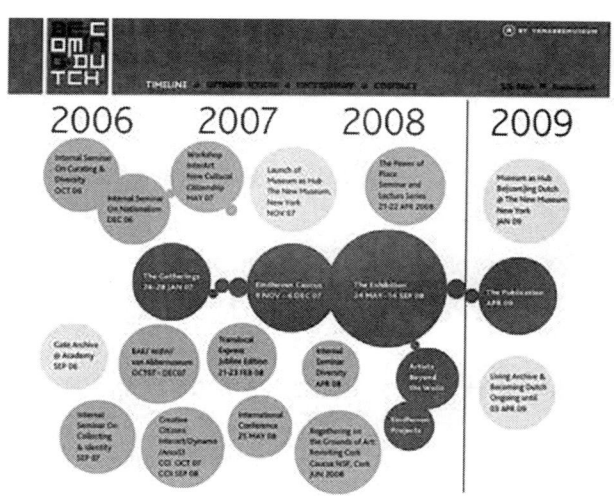

项目"成为荷兰人"的时间表,2006—2009。项目包括辩论、阅读小组、艺术家项目、展览、驻留和出版物。范纳贝博物馆,埃因霍温,荷兰。策展人:查尔斯·埃舍和安妮·弗莱彻。http://www.becomingdutch.com/events/ (2012年4月访问)

的?现任馆长是如何展示藏品的?博物馆在当前和过去是如何定位自己的?"这些问题通过对1983年夏季藏品展览的重现来进行探讨,该展览由当时的馆长鲁迪·福克斯(Rudi Fuchs)策划,同时配合举办了近期收藏作品展和当代政治艺术实践展,旨在提出更多问题:"最初的策展人想要讲述哪个故事?我们在当今如何看待这个时代的这段历史?在这个新语境下的呈现是否成为一个新的展览,还是仅仅是对原有展览的复制?"第二部分"时间机器"(Time Machines)则聚焦于现代展览空间中对占据主导地位的"白立方"这种展览形式的历史替代方案,这种展示形式在当代条件下仍笨拙地持续存在。"时间机器"是由当代艺术家和电影制作人创作的一系列小型展览,其灵感来自世界各地著名博物馆的历史房间装置,比如20世纪30年代的MoMA,1968年的圣保罗艺术博物馆,20世纪20年代亚历山大·多纳的"未实现的设计"

侯赛因·阿尔普特金(Hüseyin Alptekin),《自我异托邦》(Self Heterotopia),1991—2007。"玩玩范纳贝:21世纪的博物馆"项目的第一部分"游戏与玩家"展览现场,范纳贝博物馆,埃因霍温,2009年11月28日至2011年6月26日。策展人:克里斯蒂安·伯恩德斯(Christiane Berndes)、查尔斯·埃舍、安妮·弗莱彻、戴安娜·弗兰森(Diana Franssen)。客座策展人:史蒂文·滕蒂耶(Steven ten Thije)

(Raum der Gegenwart），以及20世纪50年代安德烈·马尔罗（André Malraux）用收集的复制品策划的"无墙博物馆"（Museum Without Walls）。

假如我在事先不了解的前情下参观博物馆，我走入博物馆自身表演的部分，我认为这些装置是一个令人兴奋的再策展和元展览的例子，重现了现代人未曾踏足的道路，并将其向当代观众敞开，转化为可供感知和互动的精神共鸣。这些在历史长河中犹如涟漪和暗礁的展品，最引人入胜的地方莫过于它们在当代语境下的并置，彼此时间的距离被刻意模糊。整个博物馆的氛围让人感到顺序的时间性被暂停了，取而代之的是时间片段的集群。贴心的导览人员对于迷惘的参观者来说是非常宝贵的，正如馆长在线上视频回答常见问题时直言不讳的态度也很有帮助。博物馆对自己的所作所为有清醒的认知，尤其是在塔楼展厅，那里展示了对项目的反思性、批判性评论，参观者可以在此留言评论。

第三部分"政治的收藏/收藏的政治"（The Politics of Collecting/The Collecting of Politics）致力于深入探讨如下议题："艺术品收藏与保存背后蕴含着怎样的意义？在品鉴这些藏品时，观众又能感知到怎样一个世界？决定这一切的又是谁，其原因何在？"而在最后的第四部分"游客、朝圣者、游荡者（及工人）"[The Tourist, the Pilgrim, the Flaneur (and the worker)]中，我们将探讨公众在博物馆中的角色，他们对博物馆的期待，参观的乐趣，以及思考如何强化这种体验。整个展览要求博物馆不断重新悬挂其藏品，重新调整其空间的使用，并使观众较之平常更加沉浸地参与其中，由此提出这样的问题："博物馆能为公众发展出哪些新角色，从而使博物馆成为一个真正的交流和启发的平台？"[47]在此期间受邀参展的众多艺术家中，每一位都创作了装置作品，并以意想不到的方式重新布置了展厅空间，或者以类似的反思方式展示了自己的作品。

世界上许多地方的博物馆馆长正在转向反思性再策展，以应对当代社会日益凸显的矛盾所带来的多层次时间和伦理复杂性。波兰罗兹的什图基博物馆（Museum Sztuki）是波兰结构主义（Polish Constructivism）作品的重要收藏地，尤其是1948年由瓦迪斯瓦夫·斯特雷明斯基（Władysław Strzemiński）设计的"新造型主义房间"（Neoplastic Room）为主体，针对一系列非常具体的挑战做出了有趣的应对。在波兰，当代艺术在视觉文化中的地位并不像在美国和欧洲其他国家那样显著。新自由主义的发展为波兰提供了一条不同于其他国家的道路。然而，并非所有人都对此表示欢迎。博物馆迁入了一座19世纪纺织厂仓库，带动了该地区的复苏，如今这里已焕然一新，拥有各式商店、餐馆、电影院、主题公园和剧院。但就在博物馆的正对面，去工业化的遗迹仍以无家可归者占据的建筑形式存在。这种视觉文化观赏性与稀缺性的冲突，在博物馆所处的社会位置上体现得淋漓尽致。馆长雅罗斯瓦夫·苏坎（Jarosław Suchan）敏锐地意识到这些矛盾，并借鉴了范纳贝博物馆的政策。在"博物馆作为一种偶发事件"（the museum as a Happening）的旗帜下，苏坎致力于打破传统策展在艺术史框架下的限制，转而强调观众与作品间的即时性互动，而这些作品也正是在"持续流变的语境"（continual movement of contexts）下展示的。常设展被"展览短剧"所取代，每一个展览都从不同的角度展示了藏品……这些展览放在一起看，使观众意识到，没有任何一种解读可以声称是排他性的。这包括重新布置"新造型主义房间"，使其成为展现艺术家与其作品"互动"的场所，比如卡塔日娜·科布罗（Katarzyna Kobro）和利贾·克拉克，他们自己也改变了结构主义艺术。新前卫艺术家约泽夫·罗巴科夫（Józef Robakowski）则将他的展览交给他的艺术家朋友，进行为期两天的作品展览，并展示来自其收藏的作品。除了对当代艺术感兴趣的人之外，博物馆还根据科布罗的雕塑作品建造了一个滑板场，并向当地居民和购物中心的游客开放展厅，让他们展示自己选择的任何作品或在博物馆期间创作的任何作品。[48]

反思性再策展对博物馆提出的主要挑战是如何使其可持续。这类展览提出的诸多问题仍需时间的沉淀，若急于一时回答，恐怕大多会流于空谈。在关于这些项目的评论中，安妮·弗莱彻在"当下的博物馆"会议上指出，范纳贝博物馆已不再单纯举办展览，而是重新审视并展示其藏品，揭示展品的不稳定性，并通过如"插曲"（Plug In）系列等展览项目来挑战艺术史的线性叙事，为大型博物馆、艺术空间、艺术博览会等其他艺术展示场所提供了一种不同于事件导向、奇观化或商品化的展示方式。她认为艺术之存在是为了被欣赏，无论在何处，那么，为什么不在这种类型的博物馆里呢？她坚持认为关键问题并非"何为当代？"，而是"何为当下亟待解决的危机？"。然而，如果仅关注显而易见的危机，便容易陷入对当代性的肤浅理解。只有对当代性进行更为细致、更有层次的剖析，我们才能认识到这实际上是同一个

"怎么办"小组（Chto Delat），《活动家俱乐部》（*Activist Club*），2007年。"插曲第51号"展览现场，范纳贝博物馆，埃因霍温，2009年。"插曲"是一个系列，其中博物馆藏品得以被重新构想

问题的不同层面。

对于奥布里斯特来说似乎也是如此：

> 虽然格特鲁德·斯坦（Gertrude Stein）曾经质疑博物馆能否兼顾传统与现代，然而，在胡尔滕的领导之下，博物馆不仅成为时间存储器，也可以化身为实验室。他向我们展示了博物馆可以巧妙地融合这两种特质。正是这种表面上看似对立的元素交织，赋予了博物馆别样的魅力。[49]

位于伦敦的蛇形画廊由朱莉娅·佩顿-琼斯（Julia Peyton-Jones）馆长和联合馆长奥布里斯特共同领导，是众多致力于持续的、可见的、反思性重塑的博物馆之一。这种实践最直接的体现，就是蛇形画廊每年都会在18世纪建筑旁委托建造一个临时展馆。他们邀请一位未曾在英国设计建筑的建筑师设计一个临时建筑，用作咖啡馆和聚会场所。弗兰克·盖里（Frank Gehry）、扎哈·哈迪德（Zaha Hadid）和彼得·卒姆托等极具创新精神的建筑师曾参与其中，他们的杰作吸引了全世界的关注。参与艺术家往往通过"后台"空间[道格·艾顿（Doug Aitken）]重新构想空间，或通过声音的渗透[菲利普·帕雷诺和安里·萨拉（Anri Sala）]扩展空间界限，改变空间范围，来重新引导观众。此外，还会举办一系列不在馆内进行的展览，以费利克斯·冈萨雷斯-托雷斯为例，该画廊在城市周围的12个地方举行相关联的展览。同时，画廊定期组织研讨活动，尤其是在展馆内进行24小时访谈和马拉松式的关键文本阅读。其附近的"可能研究中心"（Center for Possible Studies）致力于在全球化背景下，将策展的方方面面转向与社区的需求相结合，尤其是多元文化社区。[50]

随着当代策展人走出传统博物馆，又回到重新构想的博物馆这一过程，诸多新角色应运而生，同时也令旧有角色焕发出新生机。这些活动为当下正在展开的现象赋予了丰富的新称谓。"新制度主义"

（New Institutionalism）便是其中的一员，它由挪威当代艺术办公室（the Office for Contemporary Art）在2003年首次提出。[51] 2010年，哥本哈根阿肯现代艺术博物馆（ARKEN Museum of Modern Art）的馆长、工作人员和兼职人员在对其"乌托邦"概念进行了长达三年的探索之后，对他们的梦想、抱负、失误和成就进行了推测，并列出了一份有趣的清单："开放的博物馆""作为发电机的博物馆""复调式的博物馆""对话式的博物馆""谈判式的博物馆""批判性机构""无表情博物馆"（Nobrow Museum），以及介于高雅文化和日常生活之间的"第三空间"。每一个概念都是从他们所谓的"乌托邦式策展"经验中产生的。[52]

这些术语体现了当前艺术专业人士对"策略性博物馆学"探索的趋势，通过这种探索，博物馆可以在当代生活商业化和即时性之外仍然保持独立，也作为一种与日常现实相关的批判性机构。[53]虽然许多现代艺术博物馆偶尔或长期以来一直保持着这种微妙的平衡，但当代环境需要对如何追求这些和其他新目标进行深刻反思。

与艺术家合作策展

尽管整个行业对泽曼风格式的"作家作品"（auteur Ausstellungsmacher）表示推崇，但实际上，大部分被"策展人即艺术家"这一模式所吸引的策展人，往往怀着无私的精神，致力于促成艺术家想做的任何事情。当然，必须在具体操作、人力资源及财务方面设定明确的界限，但仍秉持着不计成本、竭力劝导、克服重重障碍的心态，只为举办一场尽可能地贴近艺术家想象的展览。这一点不禁让人回忆起沃尔特·霍普斯的理念：策展人应如无形之手，不遗余力地采取一切必要措施，以最引人入胜的方式呈现艺术作品。最近的一个

《莫瑞吉奥·卡特兰:一切》(*Maurizio Cattelan: All*),所罗门·古根海姆博物馆,纽约,2011年11月4日—2012年1月22日

例子是南希·斯佩克特（Nancy Spector）在回忆莫瑞吉奥·卡特兰的回顾展时，谈到后者坚持要求把所有作品悬挂在纽约古根海姆博物馆著名的圆形大厅天花板来呈现：

> 要与卡特兰成功地合作，意味着需要参与他的计划，勇于承担相应的机构与个人风险。这包括默许他潜入画廊，将其他展览的作品悄然带走，或是精心设计一场逃离展览的策略。在我之前，很多策展人、博物馆馆长和画廊老板都将他们的愿景与艺术家的愿景结合起来，以实现一些令人难忘且非凡的项目，这些项目不断挑战着各个博物馆的底线……在接受他戏剧性的提议，或可称之为挑衅时，我们需要在馆方标准、最可行的实践方案与艺术家令人震惊的想法之间斡旋平衡。这次展览及其图录证明了卡特兰的理念所具有的力量和挑衅性，以及博物馆在面对真正实验时随机应变的能力。[54]

正如我们在之前的文章中看到的那样，近年来，在艺术展览中承担着具有临时性但本质上任务不同的专业人士之间的互动关系，越来越多地被艺术家作为策展人这一形象所覆盖。艺术家的创作媒介是展览，他的工作就是制作展览，而他的艺术作品就是布置好的展览。斯佩克特毫不怀疑地告诉我们，卡特兰是这个展览创意的发起者，而博物馆策展人的角色是欣然接受艺术家的策展理念。在四页的致谢之后，她在展览目录的前言中总结道："最后，我必须要再次感谢莫瑞吉奥·卡特兰，感谢他深刻而沉着的艺术，乍一看，它似乎很幽默，但最终会让你感动落泪。"[55]

鲍里斯·格罗伊斯则描述了这种主奴关系的另一面：

> 归根结底，独立策展人所做的一切与当代艺术家所做的并无二致。独立策展人周游世界、组织展览，这些展览与艺术装置类似，之所以说它们可比，是因为它们是独立策展项目、决策和行动的结果。展览中呈现的艺术作品则扮演着记录策展项目的角色。[56]

在这种情况下，策划当代艺术展览时，"艺术家作为策展人"和"策展人作为艺术家"在权力、地位和创造潜力方面处于同等地位。在某些情况下，这的确如此：例如，格罗伊斯本人与安德烈·莫纳斯特尔斯基（Andrei Monastyrski）在2011年威尼斯双年展上设计俄罗斯馆的合作关系。当然，这也并不适用于所有情况，比如极端对立的案例，即待遇低微、随时待命的初级"策展人"成为布展方的一员。而对于机构策展人来说，在面对机构批评艺术家诡计多端的双重挑战时，可能会无所适从，也可能会束手就擒，从而最终形成一个表面上有吸引力，但实际是妥协结果下的展览。

在平等互动的情况下，策展人的"手"应该显露出来，格罗伊斯继续指出理由：

的确，策展的作用就像是一种补充或"药剂"（在德里达的用法

安德烈·莫纳斯特尔斯基在《空旷地带：安德烈·莫纳斯特尔斯基与集体行动》(Empty Zones: Andrei Monastyrski and Collective Actions) 装置展览期间调查其中的一幅图片，俄罗斯馆，威尼斯双年展，2011年。策展人：鲍里斯·格罗伊斯。图片是莫纳斯特尔斯基和集体行动（包括鲍里斯·格罗伊斯，左一）在莫斯科地区苏汉诺沃公园的行动，1979年2月11日

中），它在治愈图像的同时也使其受损。与艺术一样，策展无法摆脱同时既是"图像崇拜者"又是"图像破坏者"的矛盾。然而，这一说法引出了一个问题：哪种策展实践才是正确的？由于策展实践永远无法完全隐藏自身，因此其主要目标必须是通过明确展现其实践来实现自我可视化。视觉化的意愿实际上构成并推动了艺术的发展。既然策展实践发生在艺术的语境中，它就无法摆脱可视化逻辑。[57]

在这些论述中，存在一种扭曲的等价逻辑和反向悖论，许多人会对此表示抵触。正如我们之前所提及的，大多数策展人并不会将他们作为策展人的创作愿景推到前台，他们更倾向于隐藏在艺术家明确的思想光芒之下，像幽灵一般存在。在他们看来，只有当所有传统策展工作的痕迹消失殆尽，仅留下那些同行之间方能辨识的微妙印记时，策展人才算完成了与艺术家创作行为相辅相成、但显然处于次要地位的创造性任务。此时，他们的工作才得以充分实现。策展人并不自上而下地掌控大局，而是"与艺术、空间和观众共处"。大多数从业者已经摒弃了那种过于高调、自我标榜的"策展人即艺术家"模式，转而采取与艺术家合作策展的模式。这种理想的关系接近于电影导演和制片人在电影片场里的合作模式，因此，"策展人如制片人"的说法如今也经常听到。

另一个例子，尽管只是成千上万个例子之一，将这些思考指向当代性的航线。芝加哥当代艺术博物馆（MCA）的策展人朱莉·罗德里格斯·维德霍尔姆（Julie Rodrigues Widholm）描述起艺术家加布里埃尔·奥罗斯科（Gabriel Orozco）在2003年威尼斯双年展上精心策划的卫星展览"日新月异"（Everyday Altered）对她产生的深刻影响。她说道，"奥罗斯科摒弃了墙壁、基座、玻璃橱窗、录像和照片的策展手法，极大地突显了对我们周遭日常物品的深刻洞察，以及我们在共有空间中对这些物品的直接感受。"[58]有人可能会认为，奥罗斯科的做法是反策展，或试图在探索一种非展览的展出方式。罗德里格斯·维德霍姆精辟地将这一现象解读为一种积极的补充。与众多同行一样，她将这位艺术家的创作理念视为策划展览的正面典范。她在2007年于芝加哥当代艺术博物馆举办的展览"社会文化：来自墨西哥城的新一代艺术"（Escul tura Social: A New Generation of Art From Mexico City）中，以奥罗斯科高度个人化、甚至有些特立独行，但无疑具有鲜明特征的当代墨西哥人的视角出发，将20位艺术家的作品纳入其中，这些艺术家的范围从建筑师费尔南多·罗梅罗（Fernando Romero）到装置雕塑家亚伯拉罕·克鲁兹维列加斯（Abraham Cruzvillegas），再到参与式艺术家帕布洛·赫尔古拉（Pablo Helguera）。她援引艺术家的话，"我们可以说，这种转变日常物品和环境的方式，不仅改变了时间的流逝，也转变了我们对生活乃至经济与政治进行接收的方式……作品中那充满讽刺的思考、即时的姿态、脆弱的亲密关系，以及对熟悉事物进行细致重塑的'暴力'，无不使这些艺术家们的创作与理解当下艺术实践中的一种强大趋势紧密相连。"[59]

当代性及其现实投射、深刻裂痕、挑战性和它的无穷潜力，通过奥罗斯科的话语，包括他的行为、作品及干预得到了精准而简练的勾勒。在此，我也让位于艺术家。

无疑，"策展人作为艺术家""与艺术家合作策展"这两种方法都经过了精心筛选。对多数策展人而言，不论他们身处何方，或是处于何种时代，理想的状态都应是基于他们对艺术本身的无尽热情，从独立且相对自主的专业视角出发，尊重艺术家的独特视野，同时致力于培育艺术观众的感知，将这两者巧妙地融合到展览中，从而引领公众共同观察、反思当代世界，包括其幽暗深邃、炫目辉煌、乃至沉闷乏味的存在形式。但在这些方面尚缺乏广泛共识，尽管某些因素（或许不久将）形成相对的自主性，但它们尚未凝聚成当代策展的全面理论。我们正在研究的是一套具有鲜明当代特征的策展方法，或许不那么雄心勃勃，但更为恰当。

策展转向

奥布里斯特回忆说，泽曼曾将展览制作人描述为"管理者、业余爱好者、引言作者、图书管理员、经理兼会计、动画师、文物管理员、金融家和外交官"，奥布里斯特在此基础上添加了"守卫、运输者、沟通者和研究者"的职能。[60]福尔用强调关系而非具体角色的话语总结了这些角色。在她看来，当代策展人是"调解人、推动者、中间人和制作人"。由此可见：

积极地与艺术家互动是实践的核心，但这一方面无法保证即时性或可量化的结果。这需要一种创造性的"维护"而不是福柯的"关怀"，因为它意味着支持思想萌芽、维持对话、塑造与重塑观点，以及不断更新研究视野。换言之，策展人的工作不止于展览，其职责日益拓展至委托创作临时艺术作品、推动艺术家驻地项目、编纂艺术书籍及组织一次性活动。[61]

在这些文章中，我们发现越来越多的人逐渐意识到，策展的本质已经远远超出了传统上对收藏保管和展览制作的关注，因此，策展概念的拓展似乎势在必行。然而，在试图更精准地界定这一变化时，却会在具体角色累加的列表与艺术界各方参与者（包括参与式观众）之间关系的抽象阐述之间摇摆不定。不足为奇的是，策展思维已经渗透到展览实践中，这一过程如今已经拓展至各式各样的带有策划属性的活动。

"泛策展"（paracuratorial）一词听起来像是林德的"策展"概念的简单延伸，包含一系列更广泛的角色。但如果我们仔细探究这个词的创造者延斯·霍夫曼的意图，就会发现他的目的是承认并将那些不属于策展范畴但与展览制作相关的活动置于适当位置：

展览制作是一门手艺，我非常珍视这一点。太多策展人似乎认为展览制作已经成为过去，如今反而应该围绕我所说的"泛策展"展开：讲座、放映、没有艺术品的展览、与艺术家合作开展项目，但从未制作过任何可以展出的作品。[62]

李维亚·帕尔迪（Lívia Páldi）对此理念进行了更精准的扩展，称其"意味着一个相互交织的活动网络，以及基于艺术家、策展人与公众之间更为偶然和即兴的多元化互动与对话模式"。[63]霍夫曼将这类活动视为与策展工作紧密相关但又不尽相同的领域，与医护人员和辅导教师的角色类似，因此他的策略是承认对这些领域的兴趣，但不过分强调并将其降至较低的地位。近年来，在马尔默皇家艺术博物馆、立陶宛维尔纽斯当代艺术中心、德国慕尼黑艺术协会和荷兰埃因霍温范纳贝博物馆等机构推行的策展及辅助策展项目中，教育目标已取得如此大的成功，以至于它们可以成为常规策展的典范。

我们已经注意到许多类似的例子，尤其是第11届文献展的"平台"，以及埃舍在瑞典和荷兰提出的倡议。还有一些甚至不以博物馆为基础，重新构想的展览。2006年，第6届欧洲宣言展计划以"艺术学校"的形式举办展览，并出版相关书籍《艺术学校笔记》(Notes for an Art School)。出于种种偶然和有意为之的原因，它完全变成了由事件驱动的展览，正如2007年在柏林举办的后续活动"联合国广场"（unitednationsplaza）一样。[64]帕尔迪提醒我们，在某些国家，尤其是在各类公共机构中，一些替代空间都会受到压制，泛策展活动可能是批判性思维得以实践的唯一方式。[65]

正如艾米莉·佩西克（Emily Pethick）所指出的那样，泛策展是"一种有用的工具，可以用来思考那些脱离了传统展览形式并拒绝被限制的实践"，在她看来，这个词"仍然设定了一种界限，并维持着一种不必要的二元论"。[66]

"教育转向"是最近出现的一种艺术创作和策展形式，它在定义泛策展之前就已经存在，可能比泛策展更持久，即使不是在用法上也至少在形式上如此。保罗·奥尼尔（Paul O'Neill）和米克·威尔逊（Mick Wilson）在他们的出版物《策展与教育转向》（Curating and the Educational Turn）中列举了一系列深刻的例子，包括原型学院（Proto Academy）、科克核心小组（Cork Caucus）、未来学院（Future Academy）、辅助教育部门（The Paraeducation Department）、"哥本哈根自由大学"（Copenhagen Free University）、A.C.A.D.E.M.Y.、隐性课程（Hidden Curriculum）、塔尼亚·布鲁格拉（Tania Bruguera）在哈瓦那的艺术指挥（Arte de Conducta）、巴勒斯坦艺术学校（ArtSchool Palestine）、布朗山学院(Brown Mountain College)、莫阿纳自由大学（Moana Free University）和边缘研究院（School of Missing Studies）。[67] 尽管他们避免像克里斯蒂娜·李·波德斯瓦（Kristina Lee Podesva）所提议的那样试图将这些努力定义为"一种新媒介"，但他们明确指出"教育形式、方法、计划、模式、术语、过程和程序已在策展和艺术创作实践，以及随之而来的批评框架中变得无处不在"。[68] 对于他们来说，"转向"主要呈现出具有"教育"或更狭义的"教学"形式和目的，这些都体现了其当代性。

自20世纪60年代末以来，当代策展已从一项主要涉及组织独立艺术品展览的活动转变为一项职责范围相当广泛的实践活动。当代策展与以往策展的不同之处在于，当代策展强调的是艺术的框架和调解，以及围绕艺术的思想传播，而不仅是艺术的创作和展示。[69]

有时很难分辨这些活动与过去四五十年来世界各地艺术博物馆教育部门策展人的直接教育工作有何不同，后者中的许多项目可以采用极具创造性的形式。例如，匹兹堡安迪·沃霍尔博物馆自2000年以来采用的"博物馆作为艺术家"（Museum as Artist）模式，以及纽约新当

《玛莎·罗斯勒：艺术与社会生活；录像艺术案例——第2天》（ Martha Rosler: Art & Social Life; The Case of Video Art – Day 2)，2006年12月11日，德国，柏林，联合国广场。由安东·维多克勒与利亚姆·吉利克、鲍里斯·格罗伊斯、娜塔莎·萨德尔·哈吉安、尼古拉斯·赫希、瓦利德·拉德、玛莎·罗斯勒、贾拉尔·图菲克和蒂尔达·佐格哈德尔合作组织。网址：http://www.unitednationsplaza.org/video/103/，2012年4月查阅

代艺术博物馆自1996年起通过教育和推广将当代艺术与多元文化联系起来。[70]

  关于策展的过程性而非程序性的观点与之前引用的伊莉特·罗戈夫的观点相似。事实上，她颇具影响力的文章《转向》（Turning）也收录在这本选集中。[71]虽然一些艺术家如安东·维多克勒承认他们的活动是一种知识生产和传播，但否认其具有与学术界或博物馆相关的任何教育意义。而另一些艺术家如帕布洛·赫尔古拉，则能轻松地在博物馆项目和完全基于社区的项目之间无缝切换，例如2006年的"泛美动荡学校"（The School of Panamerican Unrest）。[72]如今，推动教育转向的更深层次的愿望正在被世界各地的博物馆馆长和博物馆策展人所响应。例如，我们之前提到的阿肯现代艺术博物馆尝试的"乌托邦式策展"。此乌托邦，至少是充满希望的，通过"我们如何才能生活得更

帕布洛·赫尔古拉,"泛美动荡学校",巴拉圭亚松森卡市政广场,2006年9月

好?"这一问题将我们带到了博物馆之外的展览综合体的边缘,进入了一种与当代生活的迫切需求相关的策展,并通过基础设施行动主义激发所有参与者的热情来实现这一目标。

参与式、行动主义策展

2011年10月和11月,纽约大学加拉廷画廊(Gallatin Gallery)举办了名为"这就是民主的样子!"(This is What Democracy Looks Like!)展览。在空间中提供一面宽敞的内墙,窗外正对着第四街,为祖科蒂公园(Zuccotti Park)的抗议者展示他们所提供的内容;画廊周围的屏幕上播放着对对面公园和全国各地其他占领地点的实时直播。这个空间成为抗议者,尤其是来自大学生抗议者的众多聚会场所之一。

"这就是民主的样子!",加拉廷画廊,纽约大学,2011年11月。
策展人:凯斯·米勒

对于总监凯斯·米勒(Keith Miller)来说,这是他迄今为止最为"成功"的努力,当他陷入解决社会需求与策展本身需求之间的差距所产生的困境时,他非常坦诚地面对画廊与现实生活、表现与行动之间的伦理关系问题。[73]他希望在保持画廊身份的同时打造一个"街头剧院"。他选择"退后一步",让"占领华尔街"(OWS)可以"自我策展"。他慷慨地提供了一个展示空间,并扩展为讲述者和转译者的社区。现在,画廊里已经坐满了人。

我们正在审视的所有方法都以不同的方式响应了福尔在早些时候的讲话中所指出的关键因素。福尔指出,当代策展"应该对它发生的情况做出回应;应该创造性地解决当时的艺术、社会、文化或政治问题"。许多城市都有专门的空间致力于此事。策展人意识到,建立地方基础设施是鼓励艺术家和观众跳出当地和国际艺术界垂直结构思考的必要条件。雅加达的塞梅蒂艺术之家(Cemeti Art House)对推动印尼当代艺术的发展起到了关键作用;胡志明市的圣艺术(Sàn Art)也扮演着类似的角色;而北京的箭厂空间(Arrow Factory)则试图将知名艺术区的活动与市中心的一处老胡同结合起来。至关重要的一步,是通过横向或区域性网络将这些中心连接起来。自2004年以来,"Tranzit"画廊一直在协调奥地利、捷克、匈牙利和斯洛伐克等地独立艺术家的活动,并在其他地方以网络形式进行展示。从匈牙利开始,它还启动了一个名为"平行年表"(Parallel Chronologies)的研究项目,展示了一些在当地艺术界享有传奇般的地位,但人们却对其所知甚少的展览和活动档案。[74]来自伊斯坦布尔的策展人瓦西夫·科尔顿是2011年威尼斯双年展阿联酋馆的策展人,他更看重的是伊斯坦布尔的加兰蒂平台(Platform Garanti)与贝鲁特的阿什卡尔·阿旺(Ashkal Alwan)和开罗的托恩豪斯画廊(Townhouse Gallery)等国际艺术机构之间的联系,而不仅是与欧洲或美国的联系。艺术家、策展人、作家等人员的驻留项目已成为这种网络建设的关键媒介。[75]

即便在最脆弱的基础设施都无法建立的情况下,坚持不懈的策展工作仍然取得了重要成果。1998年在耶路撒冷成立的阿尔马玛勒当代艺术基金会(Al-Ma'mal Foundation for Contemporary Art)收藏了许多巴勒斯坦艺术家创作的当代艺术作品,却没有展示它们的机会,因此,该基金会主任杰克·佩尔塞克(Jack Persekian)于2007年构想出巴勒斯坦当代艺术博物馆(CAMP),以便与合作机构(其中包括范纳贝博物馆)一起在其他地方举办展览。目标是"反映巴勒斯坦核心经历之一——流离失所,而不是呈现政治叙事。"[76]类似的关切也体现在萨尔瓦·米克达迪(Salwa Mikdadi)为2009年第53届威尼斯双年展策划的"威尼斯转交巴勒斯坦"(Palestine c/o Venice)项目中。[77]我们在这里看到的可能是一个支撑艺术结构的建立,它并不遵循西方基础设施模式,尤其是前文我所描述的展览综合体。这种结构的脆弱性、扩张性和延展性显然具有地缘政治的维度。

当今的策展实践

这些维度意味着，在展览综合体已经建立完善的中心，积极的基础设施倡议同样重要。在美国，玛丽·简·雅各布（Mary Jane Jacob）重视艺术对公共领域的影响，尤其是她在芝加哥的公园和公共空间工作的成果，长期以来一直激励着参与式策展。[78]许多杰出的策展人也都是坚定的活动家，其中包括美国策展人纳托·汤普森（Nato Thompson）和格雷格·肖莱特（Greg Sholette），他们共同策划了"干预主义者：社会领域的艺术"（The Interventionists: Art in the Social Sphere, 2004）。汤普森还策划了"民主在美国：全国运动"（Democracy in America: The National Campaign, 2008），以及艺术家保罗·尚（Paul Chan）在新奥尔良的"等待戈多"（Waiting for Godot, 2007）、"实验地理学"（Experimental Geography, 2009）和"生活作为形式"（Living as Form, 2011）。休斯敦的车站当代艺术博物馆（Station Museum of Contemporary Art）在詹姆斯·哈里塔斯（James Harithas）的领导下，一直致力于关注时事问题；劳里·弗斯滕伯格（Lauri Firstenberg）自2005年以来一直推动洛杉矶艺术博览会（LA><ART）；三年后，伊夫·福勒（Eve Fowler）和卢卡斯·迈克尔（Lucas Michael）在帕萨迪纳军械库艺术中心（Armory Center for the Arts）发起了艺术家策展项目。在纽约，16号海狸小组（16 Beaver）成为替代性、批判性和政治化的平台之一。同时，像布莱恩·霍姆斯（Brian Holmes）这样的活动家会在任何看起来开放且合适的地方进行实践，比如霍姆斯的"大陆漂移"（Holmes's Continental Drift）系列工作坊，也包括线上活动。

随着展览形式被不断重塑，博物馆被重新构想，场所也在不断增加，展览的参观者正在迅速摆脱作为一种被动、静止、抽象投射的对象，这正是艺术界中所有其他议程制定者力图使其成为的面貌。"这就是民主的样子！"之所以重要，在于它以最直接和最戏剧性的方式解决了一个当代艺术创作和策展的核心问题：观众的角色。我们一直在讨论的基础设施的转变，当代策展中所有革新的整体推动力，以及使其具有当代性的一切，正逐渐推动他们行进。观众的参与将是艺术界下一个重要的策略类型。在这一点上，艺术界评论家们在面对当代性思考时，会毫不犹豫地援引雅克·朗西耶（Jacques Rancière）的《解放的观众》（Emancipated Spectator），就像他们抓住阿甘本关于"当代性"的概念一样。[79]什么是当代观众行为？它有哪些种类、角色、期望和责任？每个人都是他人的翻译者，这只是答案的开始。

在艺术家与策展人追寻乌托邦、探索生存之道时，或在大多数情况下，携手深入探索当代生活的复杂性时，艺术消费者已然转变为参与式生产者（生产消费者），而观众则成为联合策展人。如今，展览系统比以往任何时候都更加广泛，包括在踏入画廊之前的观览体验，往往在活动启动前几天就已开始。展览可通过网络图片、印刷资料、口碑推荐、宣传图片等多种方式进行预展。如今，在展示空间内，观众所经历的展览融合了现实与虚拟，即现场直接观摩与基于应用程序的互动反馈。而且，展览的影响仍会延续至活动结束后，与其他类似体验交织融合，并持续扩展。如今，有些艺术作品的创作预览只能在线上呈现。信息在众多媒介中被广泛传播的背景下，对于那些因种种缘由无法亲临现场而是通过报纸杂志的报道或查阅图录了解展览的人所感受的失落感，有时甚至是排斥感正在减轻。[80]观众的身份日益多元化，他们开始自我策划观展体验。景观主体化仍为主导力量，尤其在全球化格局发生裂变之时，但这并非历史的必然走向。尽管这个现象在数十年前便已被预见，但对于每个人而言，这仍然是相对新颖的领域，对策展思维构成了挑战。

当代性策展——现代,过去与未来

当我们将当代策展的挑战置于当前驱动策展的冲动中进行讨论时,这一挑战从地缘政治的角度看又会呈现出怎样的面貌?南非艺术家、策展人及评论家科林·理查兹适时地提出了警告。他认识到"当代性"作为一个批判性术语的价值,特别是它使我们从现代性继承的东西变得复杂时,他仍然担忧:"这样说,无论多么实用,都倾向于将复杂、亲密的个人想象和创造简化为对生存条件的许多反应,而这似乎正是艺术(几乎是唯一)所不涉及的,或者不完全涉及的。"[81]确实如此,艺术不是简化的结果,当然,除非艺术以简化为主题,将社会成见置于个体想象力所需的复杂性之下。我曾在文章中多次提到艺术创作在当代条件下的多时性、多向性和内在的多样性,加布里埃尔·奥罗斯科在前文所引的一段话中对此做了最好的表述。当代策展也必然具有这些特征,否则它就没有紧迫性,也就不具有当代性。

罗伯塔·史密斯对2012年惠特尼双年展赞誉有加,称之为"一场令人精神为之一振的新型展览,至少对纽约而言是一种新兴策展形式"。她之所以有这样的评价,是因为这次展览不仅将视觉艺术与时间艺术,包括视频、行为艺术,以及音乐、舞蹈、戏剧和电影等表现形式置于同等重要的位置,并且其规模与气势都前所未有地在纽约这座城市展现出来。[82]史密斯赞扬策展团队,博物馆策展人伊丽莎白·萨斯曼、独立策展人杰伊·桑德斯(Jay Sanders),以及由托马斯·比尔德(Thomas Beard)和艾德·哈尔特(Ed Halter)共同打造的布鲁克林电影与电子艺术空间"轻工业"(Light Industry),他们勇于打破常规,巧妙地将展览形式与主题相结合,探讨了纪录片、拼贴画、性别认同和抽象艺术。史密斯意识到艺术界中各种专业实践之间角色相互转换而产生的激励效应。[83]近期,这种角色转换加速到每一位专家们都感到最具创新性的想法往往诞生于不同领域专家之间"试试吧,看看到底会怎样"的模糊区域中。

然而在我看来，2012年惠特尼双年展中的视觉艺术与表演艺术在空间和时间上的平等化并未催生一种全新的展示模式。相反，这次展览被解读成各种艺术形式与大多数保守案例正式结合的面貌。从安德鲁·马苏洛（Andrew Masullo）代表的实验性绘画，到低调而略显孤立的装置艺术；从莎拉·迈克尔森（Sarah Michelson）的"再现代式编舞"，到幻灯片式电影（其中包括维尔纳·赫尔佐格的一部相对平凡的作品）；再到装置"我工作室中的一切"（everything-in-my-studio）、俱乐部环境的再现，以及社交媒体的象征性运用，等等。史密斯提出的诸多主题虽被提及，却并未进行深入的探索。博物馆的权威性始终占据主导地位，模糊了"由我和我的朋友们共同创作"的初衷，而这恰恰是许多作品背后的真实驱动力。或许，是时候搬去翠贝卡（Tribeca）街区了。在那里，或许博物馆的某些部分与街道会产生更多的联系。

莎拉·迈克尔森，《忠诚研究#1——美国之舞》（Devotion Study#1 – The American Dance），2012年2月26日。图片来自2012年惠特尼双年展表演现场，纽约惠特尼博物馆。策展人：伊丽莎白·萨斯曼和杰伊·桑德斯

正当我准备放弃将博物馆作为展示真正当代艺术的平台时，第二天我踏入了新当代艺术博物馆，那里举办的第二届三年展"无法治理"（The Ungovernables）唤醒了20世纪70年代中期至80年代中期的艺术家们的批判精神与创造力。这些艺术家大多来自美国以外的地区，而相比之下，惠特尼双年展虽然在广义上呈现了同代艺术家的作品，但仍然是对"美国艺术"的回顾，尽管这个"美国艺术"的定义相对宽泛，但这或许加剧了两者之间的鲜明对比。惠特尼博物馆中很少有作品能与新当代艺术博物馆中的穆妮拉·阿尔索尔（Mounira Al Solh）、乔纳森·德安德拉德（Jonathas de Andrade）、伊曼·伊萨（Iman Issa）、哈桑·汗（Hassan Khan）、丽塔·庞塞·德莱昂（Rita Ponce de Leon）、何塞·安东尼奥·维加·马科特拉（José Antonio Vega Macotela）、阿德里安·维拉尔·罗哈斯（Adrián Villar Rojas）、丽奈特·亚多姆－博阿基（Lynette Yiadom-Boakye）、螺旋桨集团（The Propeller Group）或无形的边界跨非洲摄影项目（Invisible Borders Trans-African Photography Project）的作品相媲美。策展人尤吉·朱赋予了这些艺术家在博物馆中表达自己的权利，他们以怀疑却坚定的姿态，本土化而又国际化的视野呈现作品。这一举措是在博物馆环境中展现我所发现的第三股艺术潮流中的一些涟漪，尤其是那些对全球化体系即将崩溃，面对非殖民化的缺陷，以及在"统治者"持续演绎空洞宏大叙事的社会中，对日常生存状态做出反应的博物馆。[84]

当我们对比这两个展览的基本假设时，策展当代性的许多问题就显露出来了。在惠特尼双年展上，观众在初见每件作品时，自然而然地会将其与过往或同时期的艺术作品相互参照，而在漫步展厅的过程中，又不自觉地试图将这些作品置于历史与现实的广阔背景中进行考量，以此洞察当代艺术的走向。在新当代艺术博物馆，对所提及艺术家的每件作品的直接反应是，想象这件作品是在现实世界中的一个实际特定地点创作的，以及该作品所探寻的空间和它所延伸的方向。在惠特尼，人们几乎不会想到"外面的世界"，而在新当代艺术博物馆的展厅里，这个"世界"却几乎清晰可见。只有在人们经历了这些感受后，才会将这些作品与其他类似或不同的艺术作品进行比较，才会将这次展览与其他试图探讨类似主题的展览进行比较。然而，期望在这方面完全取得成功还为时尚早。"无法治理"并没有在形式上体现其主题，而是在每层楼的墙上用巨大的横幅式文字来阐述主旨。它仍然与新当代艺术博物馆在2007年宣布重新展出的"非纪念碑式思考"雕塑和组合艺术展（Unmonumental ruminations on sculpture and assemblage）联系在一起。尽管如此，这次展览还是朝着正确的方向迈出了步伐，是朝着当代性策展的方向前进的。

这正是第13届文献展致力于实现的目标，当然这个著名的展览是在一个更为宏伟的规模和全球视野下进行的。用卡塞尔文献展总监卡罗琳·克里斯托夫–巴卡捷夫的话来说，2012年的展览"在空间上，准确地说是在'位置'上进行了一次转变，突显了特定物理空间的重要

"无法治理"，纽约新当代艺术博物馆，2012年。策展人：尤吉·朱

当今的策展实践

性，同时意图打破常规，从多样的局部视角出发，探讨各个尺度的微观历史，将地方的本土历史和现实世界以及全球联系起来"。[85]虽然第13届文献展的主展场是卡塞尔，但将一些展览项目设在了其他三个城市：喀布尔、亚历山大／开罗和班夫。每个城市都被理解为一种独特的全球生活方式的象征，这些差异性在共存中共同勾勒出了我们时代的基本面貌。克里斯托夫-巴卡捷夫认为，每个地点都在想象中沉淀、体现和代表一种独特的体验：

在舞台上。我在扮演一个角色，我是重新表演的主体。我被他人包围，被他人围困。处于希望或乐观状态。我在做梦，我是期待的做梦主体。撤退。我退缩了，我选择离开他人，我沉睡。

她将每种姿态都描述为一种心理状态，以特定的方式与时间相关联：

蜷缩的姿态仿佛让时间凝固，而在舞台中央则洋溢着生机勃勃的"此刻"，即"持续的现在"；希望则像承诺般为时间松绑，使之变得广阔无垠。相反，被围困的感觉则将时间压缩，以至于在生活中紧紧包围我们的元素之外，找不到一丝空隙。

克里斯托夫-巴卡捷夫特别指出："艺术家、艺术作品与事件性共同占据关键位置，它们之间持续不断的互动关系是不可预见的。"从这一观点出发，这样的展览有较大的可能性避免将当代艺术局限于全球化力量的复杂性与中介作用的陷阱之中，防止自我设限。此外，它还能避免走向另一个过度简化的极端，仅仅展示精选过的所谓"世界艺术"。相反，这样的展览有望充分展现众多艺术家和思考者如何与当代条件、多重当代性，以及构筑我们自身、我们彼此和我们周遭的当代性的分层空间互动。通过这样的展示，我们或许能一窥这些塑造世界的关联究竟如何在现实中发生，以及它们可以被如何想象成更为宏大的图景。

文献展每五年举办一次，其资源是其他大型展览所无法匹敌的，组委会将"元策展"加入其中。第13届文献展不仅延续了过往三四届的主题,而前三四届也都是某种特定类型的论文展。但毫无疑问,它立足于对当下高度具体的深刻洞察与感知阐释。从这个意义上说,它堪称当代策展理念的先锋。这场展览为我们呈现了思考当下的显著案例和某些关键方法。从结构上看,这是一个关于这种思考的展览,根据所有资料报告可以看出,它要求观众对现状进行深刻而充满情感的反思。我期待探究它是否也是一个以推进当前思维的方式来思考当下的展览,尤其是指出了当今描绘世界中的核心问题,即如何将"特定地区的本土历史与现实世界紧密相连"。[86]

第13届文献展背后的雄心壮志让我们想起了我在开篇中引用的若昂·里巴斯的呼声:"策展的基本要求是将自己置于那些仍处于黑暗之中、未被理论化和未被生活化的当代性之中"。[87]这难道不是自19世纪50年代中期以来,策展为艺术提供的"支持艺术的本质是无政府主义"的当代版本吗?从1855年库尔贝独立策划展览以来,历经20世纪早期的先锋派,再到20世纪60和70年代策展人作为艺术家,以及艺术家作为策展人,如此富有成效地处理去体制化与再体制化之间展开的碰撞。如今,我们见证了策展思维的广泛延展,这难道不是我们一直不懈追求的目标吗?如此,这一传统要求策展人持续长期、激进地揭开艺术面纱,尤其是在展览中公开商业、官方和机构化对当代艺术的掩饰:全球消费主义、社会同质化和身份原教旨主义的要求。作为其最终的抵抗方式,以典型的颠覆性姿态,策展在展览中公开了每件艺术品、每位艺术家、每幅图像如何接受、拒绝或转化这些强加的框架。如今,策展人的使命是解除艺术作品的束缚,或许我们可以说去"揭露"它们,以便按照艺术的本质要求来呈现艺术。出于同样的原因,艺术评论家和艺术史学家面临的任务是揭开"当代"和"当代艺术"等非批判性、非历史性的艺术市场观念的面具,并用能够反映我们实际当代性的观念取而代之。

1 Kate Fowle, "Who Cares? Understanding the Role of the Curator Today," *Cautionary Tales: Critical Curating* (New York: Apex Art, 2007), 16.

2 国际博物馆协会章程（ICOM Statues）, http://icom. museum/fileadmin/user_up-load/pdf/Statuts/Statutes_eng.pdf; 道德准则, http://icom.museum/who-we-are/the-vision/code-of-ethics.html. 参见 Alison Carroll, *Independent Curators: a guide for the employment of independent curators* (Fitzroy, Vic.: Art Museums Association of Australia, 1991). 关于策展课程，也可参见 Johanna Burton, Andrew Renton, and Kate Fowle in *The Exhibitionist*, no.4（June 2011）: 42–65.

3 《定义当代艺术》（London: Phaidon, 2011）。在2011年出版的《艺术博物馆》(*The Art Museum*) 一书中，出版商将这一理念应用到了艺术博物馆本身，该书的宣传语是："艺术博物馆与其他博物馆不同，它一年365天，一天24小时开放"。其豪华的两英尺宽的版面上布满了来自大名鼎鼎的博物馆和美术馆的标志性艺术品，以及那些隐藏在私人收藏中的艺术品——有些艺术品只有穿上一双结实的登山鞋，并带着地球上较偏远地区的地图才能看到。这里有石窟壁画和埃及石棺，门楣和木版画，彩色玻璃和陶瓷，梵高（Van Gogh）和维米尔（Vermeer）的杰作，摄影作品，当代绘画，陆地艺术，以及阿尼什·卡普尔和安东尼·葛姆雷（Antony Gormley）的不朽雕塑——几乎涵盖了可以想象到的所有艺术形式。艺术博物馆不局限于一个时代、一个世纪，甚至不严格按照时间顺序排列。相反，艺术品被摆放在25个"展厅"中的450个"房间"里，与经过时间沉淀和影响的同类作品比邻而居。"临时"展览贯穿全书，让读者更近距离地了解伊斯兰神秘主义（Islamic Mysticism）、19世纪的身体（The Nineteenth-century Body）和空间绘画（Drawing in Space）等主题。整间的展厅用于展示毕加索、达·芬奇（Leonardo da Vinci）和图坦卡蒙之墓等作品。参见 phaidon.com/agenda/art/articles/2011/9/27/blowing-apart-the-idea-of-an-art-museum/。

4 这些策展人是丹尼尔·伯恩鲍姆、科妮莉亚·巴特勒（Cornelia Butler）、苏珊娜·科特、比斯·库里格、奥奎·恩维佐、马西米利亚诺·吉奥尼、汉斯·乌尔里希·奥布里斯特和鲍勃·尼卡斯（Bob Nickas）。

5 Blake Stimson, "Art History After the New Art History," *Art Journal* (Spring 2002): 92–96. 也可参阅 A.L. Rees and Frances Borzello, *The New Art History* (London: Camden Press, 1986).

6 Yve-Alain Bois, Benjamin Buchloh, Hal Foster, and Rosalind Krauss, *Art Since 1900: Modernism, Anti-Modernism, Postmodernism* (London: Thames and Hudson, 2005).

7 《定义当代艺术》，第8页。

8 同上，第457页。

9 同上，第456-457页。

10 同上，第458页。

11 同上，第459页。

12 同上，第461页。

13 同上，第461页。

14 同上，第42页。

15 同上，第458页。

16 这是我在《当代艺术：世界潮流》的第一章中明确提出的观点。

17 参见 Robert Hughes, *The Shock of the New* (New York: Knopf, 1991), 这是一部出色的通俗著作；有关学术基础，请参阅 Bruce Altshuler, *The Avant-Garde in Exhibition: New Art in the 20th Century* (New York: Abrams, 1994); 以及他的 *Salon to Biennial: Exhibitions That Made Art History 1863–1959*, vol.1 (London: Phaidon, 2008). 虽然这是一个比较简短的清单，但也可参阅注释20。

18 相关例子，可参见 Tony Bennett, *The Birth of the Museum: History, Theory, Politics* (London:

Routledge, 1995); Bruce W. Ferguson, Reesa Greenberg, and Sandy Nairne, eds., *Thinking About Exhibitions* (London: Routledge, 1996)。后者有两位编者是加拿大人。

19 汉斯·乌尔里希·奥布里斯特,《策展简史》(苏黎世：JRP/Ringier，2008 年)。最近，April Lamm, ed., *Hans Ulrich Obrist, Everything You Always Wanted to Know About Curating* * *But Were Afraid to Ask* (Berlin: Sternberg, 2011) 对该书进行了补充，其中 16 位艺术家就策展问题采访了奥布里斯特。其他一些策展人的发言集也对奥布里斯特的事业起到了补充作用。例如，Carin Kuoni, ed., *Words of Wisdom: A Curator's* Vade Mecum *on Contemporary Art* (New York: Independent Curators International, 2001); Carolee Thea, *On Curating: Interviews with Ten International Curators* (New York: D.A.P, 2010)。

20 现在的经典研究包括：Mary Ann Staniszewski, *The Power of Display: A History of Exhibition Installations at the Museum of Modern Art, New York* (Cambridge, Mass.: MIT Press, 1988); Brian O'Doherty, *Inside the White Cube: The Ideology of the Gallery Space* (Berkeley: University of California Press, expanded ed. 1999); Miwon Kwon, *One Place After Another: Site-Specificity and Locational Identity* (Cambridge, Mass.: MIT Press, 2002)，其中包含对公共艺术项目策展的研究，尤其是对玛丽·简·雅各布在芝加哥展的研究。还可参阅 David Carrier, *Museum Skepticism: A History of the Display of Art in Public Galleries* (Durham, N.C.: Duke University Press, 2006); Charlotte Klonk, *Spaces of Experience: Art Gallery Interiors from 1800 to 2000* (New Haven, Conn.: Yale University Press, 2009)。

21 David Sylvester, *The Brutality of Fact: Interviews with Francis Bacon*, 3rd ed. (London: Thames and Hudson, 1987)。奥布里斯特在下面这一文章中讨论了他的采访过程："Curiosity Is the Motor of the Entire Interview Project: Hans Ulrich Obrist in Conversation with Philip Ursprung," *Art Bulletin* 114, no. 1 (March 2012): 43–49.

22 Jens Hoffmann and Tara McDowell, "Reflection," *The Exhibitionist*, no. 4 (June 2011): 3.

23 Nick Waterlow, "A View of World Art c. 1940—1988," in *Australian Biennale 1988: From the Southern Cross; A View of World Art c. 1940—1988* (Sydney: Biennale of Sydney, 1988), 9.

24 详细探索请参阅 Terry Smith, "Public Art Between Cultures: The Aboriginal Memorial," *Critical Inquiry* 27, no. 4 (Summer 2001): 629–61.

25 Waterlow, "A View of World Art," 11–12. 关于该作品被纳入展览的背景，请参阅 Djon Mundine, "Marking the Test of Time: Nick Waterlow and The Aboriginal Memorial," *Art and Australia* 47, no. 4 (Winter 2010): 642–45.

26 例如，参见《艺术史学杂志》(*the Journal of Art Historiography*)，自 2009 年起在线发行，网址为 http://arthistoriography.wordpress.com.

27 Lars Bang Larsen, "Social Aesthetics: 11 Examples to Begin with, in the Light of Parallel History)," *Afterall/Online/Journal* 1 (1999), http://www.afterall.org/journal/issue.1/social.aesthetics.11. examples.begin.light.parallel. 有关胡尔滕在现代艺术博物馆所扮演角色的评估，请参阅 Magnus Af Petersens, "Pontus Hulten and the Open Museum," *ARKEN Bulletin* 5 (2010): 29–40.

28 在两年的时间里 (2011—2012)，"新模型"在一系列项目、研讨会、讲习班和展览中研究《模型：定性社会的模型》的遗产价值。参与者包括戴夫·胡尔菲什·贝利 (Dave Hullfish Bailey)、马格努斯·巴特斯 (Magnus Bärtås)、安·霍斯·古图 (Ane Hjorth Guttu)、拉尔斯·邦·拉森和黑特·史德耶尔 (Hito Steyerl)。请参见 http://www.tenstakonsthall.se/english.php。

29 有关核心画廊的简介，另见 http://nucleoexperimental.wordpress.com. 该画廊最近推出了其研讨会的数字出版物《重构公众：艺术、教育和参与》(*Reconfiguring the Public: Art, Pedagogy & Participation*)，其中还放映了吉列尔梅·科埃略 (Guilherme Coelho) 的电影纪录片《与弗雷德里科的星期日》(*Um domingo com Frederico*)，随后是关于"创造星期天"的小组讨论，这是 1971

年在博物馆举行的一系列重要的参与式艺术活动。
30 参见 http://eastsideprojects.org/past/this-is-the-gallery-and/; Barbara Holub, *Initiative Island* (Birmingham: Eastside Projects E.P.P.1, 2009).
31 关于戏剧和视觉艺术表演中常见的演出季或复演之间差异的具体细节，见 Adrian Heathfield and Amelia Jones, eds., *Perform, Repeat, Record: Live Art in History* (Bristol: Intellect, 2012).
32 有关这项工作的检索信息，请参阅 Christa-Maria Lerm Hayes, *Post-War Germany and "Objective Chance": W. G. Sebald, Joseph Beuys, and Tacita Dean* (Göttingen: Steidl, 2008).
33 参见特里·史密斯，《什么是当代艺术？》，第 271 页；以及《当代艺术：世界潮流》，第 317 页。
34 参见 Simon Reynolds, *Retromania: Pop Culture's Addiction to its Own Past* (London: Faber and Faber, 2011).
35 根据一些说法，在更长的时间里，这至少可以追溯到第一次"公开"开放的王室收藏，甚至可以追溯到古代，当时凯旋游行的掠夺品和被征服者的贡品被存放在帝国的"博物馆"中。
36 "时间：论展览的时间维度"，视觉艺术学院策展文化与国际工作室，莱比锡，2012 年 1 月，http://www.artandeducation.net/announcement/timing-%E2%80%93-on-the-tempo-ral-dimension-of-exhibiting/.
37 Soren Kierkegaard, *Fear and Trembling/Repetition: Kierkegaard's Writings*, vol. 6 (Princeton, N.J.: Princeton University Press, 1983).
38 Hans Ulrich Obrist, in Victoria Lynn, "Curators on the Move: Hans Ulrich Obrist in Conversation with Victoria Lynn," *Art and Australia* 49, no. 2 (2011): 242. 汉密尔顿于 2003 年在巴塞罗那当代艺术博物馆策划了自己的回顾展，其中包括一套房间，墙壁设计与他早期波普作品中的图像相呼应，其他房间包含当代计算机和计算机游戏机。
39 Okwui Enwezor, "The Black Box," in *Documenta 11_Platform 5: Exhibition, Catalogue* (Ostfildern: Hatje Cantz, 2002), 42.
40 Francesco Bonami, ed., *50th Venice Biennale, Dreams and Conflicts: The Dictatorship of the Viewer* (Venice: Skira/Marsillo, 2003).
41 Obrist, in Lynn, "Curators on the Move," 244.
42 "圆桌会议"，2012 年光州双年展，http://www.gb.or.kr/?mid=sub_eng&mode=02&sub=01_2012.
43 Charles Esche, "What's the Point of Art Centers Anyway? Possibility, Art and Democratic Deviance," April 2004, http://www.republicart.net/disc/institution/esche01_en.htm. 这是他对于乔治奥·阿甘本在 1989 年之后提出的挑战的直接回应。
44 "成为荷兰人"，范纳贝博物馆，http://www.becomingdutch.com/events/?s=ee.
45 "字典"（Dictionary），同上，http:// www.becomingdutch.com/dictionary/.
46 有关更详细的评论，请参阅 Paul O'Neill, "Be(com)ing Dutch," *Art Monthly* (October 2008): 23; Emily Pethick, "The Dog That Barked at the Elephant in the Room," *The Exhibitionist*, 4 (June 2011): 79–80.
47 范纳贝博物馆网站，http://www.vanabbemuseum.nl/en/browse-all/?tx_vabdisplay_pi1.
48 Jarosław Suchan, "Museum as a Happening" (unpublished paper, CIMA Annual Conference, Shanghai, November 8–9, 2010).
49 Obrist, in Lynn, "Curators on the Move," 241.
50 参见可能研究中心网站，http://centreforpossiblestudies.wordpress.com/；以及蛇形画廊网站，http://www.serpentinegallery.org/projects.html.
51 Jonas Eckeberg, ed., "New Institutionalism," *Verksted*, no. 1 (Oslo: Office for Contemporary Art

Norway, 2003).

52 "*Utopic Curating*", *ARKEN Bulletin* 5 (Copenhagen: ARKEN Museum of Modern Art, 2010).

53 关于"策略性博物馆学",参见 Ivan Karp and Corinne A. Kratz, "Introduction," in Gustavo Buntinx et al., eds., *Museum Frictions: Public Cultures/Global Transformations* (Durham, N.C.: Duke University Press, 2007), 5, 24.

54 Nancy Spector, *Maurizio Cattelan All* (New York: Guggenheim Museum, 2011), 11.

55 同上,第16页。

56 鲍里斯·格罗伊斯,《论策展人》(On the Curatorship),出自《艺术力》,第50页。

57 同上,第46页。

58 Julie Rodrigues Widholm, *Escultura Social: A New Generation of Art From Mexico City* (New Haven, Conn.: Yale University Press, 2007). 奥罗斯科在其2009年MoMA的展览中对自己的作品进行了调查,并运用了这种展示逻辑。请参阅 http://www.moma.org/interactives/exhibitions/2009/gabrielorozco/#。另请参阅 Yve-Alain Bois, ed., *Gabriel Orozco* (Cambridge, Mass.: MIT Press, 2009).

59 Rodrigues Widholm, *Escultura Social*, 10.

60 奥布里斯特,《策展简史》,第27页。

61 Fowle, "Who Cares?," 32–33.

62 Hoffmann, in Jens Hoffmann and Maria Lind, "To Show or Not to Show," *Mousse Magazine*, no. 31 (November 2011), http://www.moussemagazine.it/articolo.mm?id=759#top.

63 Lívia Páldi, "Notes on the Paracuratorial," *The Exhibitionist*, no. 4 (June 2011): 71–72.

64 "联合国广场"是安东·维多克勒与利亚姆·吉利克、鲍里斯·格罗伊斯、娜塔莎·萨德尔·哈吉安(natasha Sadr Haghighian)、尼古拉斯·赫希(Nikolaus Hirsch)、瓦利德·拉德、玛莎·罗斯勒、贾拉尔·图菲克(Jalal Toufic)和蒂尔达·佐格哈德尔(Tirdad Zolghadr)合作的项目。见 http://www.unitednationsplaza.org/。

65 Páldi, "Notes on the Paracuratorial," 76.

66 Emily Pethick, "The Dog That Barked at the Elephant in the Room," *The Exhibitionist*, no. 4 (June 2011): 81.

67 Paul O'Neill and Mick Wilson, eds., *Curating and the Educational Turn* (London: Open Editions / Amsterdam: De Appel, 2010), 13.

68 Kristina Lee Podesva, "A Pedagogical Turn: Brief Notes on Education as Art," *Filip*, no. 6 (2007), http://filip.ca/content/a-pedagogicalturn; O'Neill and Wilson, *Curating and the Educational Turn*, 12.

69 O'Neill and Wilson, *Curating and the Educational Turn*, 19.

70 Jessica Gogan, "The Warhol: Museum as Artist: Creative, Dialogic, and Civic Practice," *Animated Democracy Initiative* (New York: Americans for the Arts, 2005), http://www.artsusa.org/animatingdemocracy/pdf/labs/andy_warhol_museum_case_study.pdf. 另请参阅 Eungie Joo and Joseph Keehn II, eds., *Rethinking Contemporary Art and Multicultural Education*, 2nd ed. (New York: New Museum/Routledge, 2011).

71 Irit Rogoff, "Turning," in O'Neill and Wilson, *Curating and the Educational Turn*, 32–46.

72 请参阅 Rodrigues Widholm, *Escultura Social*, 144–53.

73 凯斯·米勒在"干预性策展研讨会"举办期间的发言。另请参阅"华尔街占领纪念展"(The Wall Street Occupennial),https:occupennial.org/。

74 参见 tranzit.at 网站,http://at.tranzit.org/en/about/;以及 *East of Europe—An Archive of Exhibitions*, http://tranzit.org/exhibitionarchive/.

75 "如果你能改善你所在街区的一角……"最近一次关于中东艺术的讨论,从当地和地区视角探讨了许多当前存在的问题。参见 http://www.tate.org.uk/tateetc/issue22/artinmiddleeast.htm.

76 有关创立宣言，参见 http://almamal.blogspot.com/2010/09/2007-contemporary-art-museum-palestine_22.html ；以及 http://www.almamalfoundation.org/aboutus.php.

77 "策展人声明"（Curator Statement），威尼斯转交巴勒斯坦，http://www.palestinecoveniceb09.org/curatorstatement.html.

78 相关案例可参见，Mary Jane Jacob, *Art in Action: New Public Art in Chicago* (Seattle: Bay Press, 1993).

79 Jacques Rancière, *The Emancipated Spectator* (London: Verso, 2009). 另请参阅 Claire Bishop, "Introduction/Viewers as Producers," *Participation* (London: Whitechapel; Cambridge, Mass.: MIT Press, 2006), 10–17.

80 《阅读室》杂志（*Journal Reading Room*）第五期（2012 年）将专门讨论这些问题。请参阅 http://www.aucklandartgallery.com/library/reading-room-journal/reading-room-5-call-for-papers.

81 Colin Richards, in Chika Okeke-Agulu, moderator, "The Twenty-First Century and the Mega-Shows," *Nka: Journal of Contemporary African Art*, nos. 22/23 (Spring/Summer 2008): 172.

82 Roberta Smith, "A Survey of a Different Color," *New York Times*, March 2, 2012, C21.

83 这个现象自 20 世纪 60 年代以来一直被理论化。经典作品包括 Arthur Danto, "The Art World," *Journal of Philosophy*, no. 61 (1964): 571–84; Howard S. Becker, *Art Worlds* (Berkeley: University of California Press, 1983).

84 参见 Ryan Inouye and Eungie Joo, eds., *The Ungovernables: 2012 New Museum Triennial* (New York: New Museum / Skira Rizzoli, 2012). 尤吉·朱精辟地指出，詹姆斯·C. 斯科特（James C. Scott）在 *The Art of Not Being Governed: An Anarchist History of the Upland Southeast Asia*（New Haven, Conn.: Yale University Press, 2009）中提出了一个开创性的论点，即那些故意在古代文明、王国和现代国家无法触及的边缘地带生存下来的文化，并能够持续存在很长时间。

85 引自卡洛琳·克里斯托夫 - 巴卡捷夫，"舞蹈非常狂热、活泼、嘎嘎作响、铿锵作响、滚动、扭曲，而且持续时间很长"(The dance was very frenetic, lively, rattling, clanging, rolling, contorted and lasted for a long time)，第 13 届文献展信息页面，网址为 http://d13.documenta.de/#welcome/.

86 有关全球图景、制造地方和连接性的详细讨论，以及"世界性"（the worldly）的内容，请参阅 Terry Smith, "Currents of World-Making in Contemporary Art," *World Art* 1, no. 2 (2011): 171–88.

87 João Ribas, "What to Do With the Contemporary?," 3/10, *Ten Fundamental Questions of Curating*, ed. Jens Hoffmann (Milan: Contrappunto S.R.L., 2011): 91.

基础设施

当代策展渴望深入到当代语境下思想本身正在经历的变革之中。这种渴望在被我引用的策展人和评论家的言论中得到了共鸣。在这些文章中，我一直在试图勾勒他们尝试实现这些目标的各种方式。正如我们注意到的那样，在当前这种无处不在的不确定性时刻，一些人倾向于用阿甘本的悖论来界定他们的参与，把它作为一种保持现状的模式。而另一些人则以更具建设性的方式定位这种参与。福尔在她"反思策展"的笔记中观察到：

随着"策展性"作为一种方法论，有关策展人角色的辩论也愈加复杂，如今衡量"策展"的关键因素包括展览、活动甚至机构作为策展人、艺术家和参与公众的思想与兴趣的平台的可行性。策展的角色越来越不再仅仅被用于维持机构的使命，而是试图对其进行变革，尝试各种过程、功能、结构和等级制度，以适应日益广泛的社会政治框架内不断扩展的国际艺术世界。[1]

福尔认识到，但义正词严地拒绝了"独立策展人与机构策展人之间日益扩大的鸿沟"这一观念，而是坚持认为这些新角色反映了这样一个事实："如今，机构不仅仅是博物馆，而是一个围绕展览制作而发展起来的庞大产业"。这一产业内部的多样性和外部的联系程度，以及它激活其基础设施的必要性，在这些文章中已经显而易见。

保拉·马林科拉质问道："我们能否超越在传统专用空间展示艺术作品这一基本的保守性做法？"这在展馆中引发了共鸣，动摇了所有展览场地都是艺术专属领域的预设。当我们走进这些空间，看到策展人定期策划的展览时，奥布里斯特的一个常见论调表达了一种广泛的当代冲动："我们必须尝试以超越物体的方式进行实验"。蒂诺·塞加尔（Tino Sehgal）进一步阐释了这一点，他指出，"'展览'这种形式专注于高度静态的人与物关系，这显得有些简单且缺乏活力。"[2]他的艺术作品是围绕人与人之间的互动建立的，正如玛丽亚·林德所称的"策展性"的整体转向一样。正如我们所见，这些文化生产者正在应对过去十年间艺术领域（如同其他所有领域）全面转向网络文化的现象，这种转变似乎仍在进一步蔓延。[3]艺术家在艺术系统中作为核心生产者的地位迎来了第三次范式震荡，并已经对策展产生了影响。2012年3月，费城当代艺术研究所举办了"同辈优先"（First Among Equals）展览，探讨了艺术代际之间，以及独立艺术家和艺术小组之间的相互作用。当然，这一展览以包括表演、出版物、策展项目和融入其他艺术家作品的形式出现。[4]

我们已经回顾了策展人如何以不同方式应对博物馆策展和艺术实践中传统和现代模式所面临的深刻挑战。在我所引用的评论中，福尔补充了一些内容。其中一个关键点是策展人越来越致力于建立国际和地区网络，旨在保持"超越了传统当代艺术博物馆的国家或地方授权的研究能力，并解决了双年展结构中'断断续续'的问题，即每次都会用新的策展团队、主题、策略和艺术家名单来庆祝一种'迫切的史诗般的临时场景'"。研究能力与选择合适的地点、人员、时机以实现项目一样，对有效的基础设施行动主义至关重要。

展览活动的无休止循环，让每一次参观都成为一次壮观的体验，这是20世纪博物馆实践的巨大驱动力，迫使各类场馆不得不持续地进行项目编排和重新规划，但这种循环可能即将走到尽头。一方面，艺术家的自我展示优先权已经削弱了其创新力量；另一方面，则被大众博物馆的压倒性成功所吞噬。在其他地方，稀缺性仍然困扰着每一项文化倡议。在当代的处境中，这些矛盾要求策展成为一种灵活的、平台建设的实践，既要与特定地点相关，又要考虑适当的国际和地区因素，以"一种跨世代、跨地区、多层次的方法来规划优先事项和组织结构"。

有趣的是，许多参与这些实验性倡议的策展人都在机构中就职，其效果尚待观察。还有一些人离开机构，前往更具风险的环境。虽然收藏家和策展人曾经是策展英雄主义的典范，但如今，他们的行列中加入了我们在这些论文中一再提到的"流程塑造者"和"项目建设者"。这些人具备宏观视野，能够理解地方需求，以及这些方面之间复杂的联系；他们能够追踪艺术的动向，并通过创建具有实验性的、为所有参与者开拓可能性的持续项目来塑造艺术的潜力和影响。有时，又或许经常是这样，他们需要一个机构位置；而其他时候，他们甚至寻求摆脱即便是最宽松的结构。我们可以称这些人为"基础设施活动家"。无论是在艺术界内部还是外部，每天都有新的策展方式在世界各地被构想出来。一个当代的，对艺术、艺术家、机构和观众进行合作关怀的模式正在形成，其规模和分散的能量是前所未有的。作为一种涵盖艺术场景、策展、批评和管理实践的不断再造的方向，策展已经超越了副策展的范畴，成为所谓的"基础设施"。

这些文章探讨了当今策展话语中的重要思想，包括那些先于当前并持续影响它们的思想。我不仅试图剖析当前的思想和言论，而且还提出了当代策展如何应对其面临的要求，并以其特有的能力、激情和独特的使命来应对这些要求。沃特洛的"遗嘱"在这里回响。我们必须认识到，这是他在20世纪下半叶作为策展人丰富经验的产物。像所有的信条一样，它以绝对的形式存在，但也会受到现实的修正。让我试着总结一下策展人现在是如何概括他们所认为的驱动当代策展的必要条件的。

策展人不再像以前那样拘谨，除了2000年前后的明星时刻，策展人一直保持着这种拘谨，尤其是与其他促成和诠释艺术的实践活动相比。尽管保持谨慎在许多情况下仍然是恰当的（例如，建立收藏或启动任何项目），但它并不是一条绝对规则或"自然"倾向，尤其当目标在与当代艺术和生活以及过去的当代性互动时，谨慎最不奏效。

当谈到策展的核心目的，即展示艺术作品时，策展人现在能够表达直觉，定义细微差别，阐明观点，提出假设，同时将它们与现有的相关事物进行比较和对照。当然，每一个步骤都是促使任何包括策展在内的项目产生的初步思考的基础，并为它们奠定早期形式。许多策展人已经采取了下一个必要的步骤，与合适的人共同思考，以改变、改进和拓展对话。这些步骤是迈向主要目标的必要举措：寻找展览的内在形象，形成一种能够塑造展览流动的配置，一条将承载观众体验的路径，直到我们达到重新构建的展览行为，使艺术得以展现。

策展可以具有反思性，许多策展活动已经如此，并且程度可以更深。正如我在开篇中提到的，每次展览都表明策展人会反思环境、与思想斗争、开发研究计划并激发洞见。这是策展思想作为一种话语的本质。它不只是通过修辞手法、明知故问的旁白和炫耀性的展示去概括，这些似乎能让许多专业人士感到满意。正如我们在这些文章中一次又一次看到的那样，策展思想的意义远不止于此。也许过去两三年中出现的四本专业导向的学术策展期刊，不仅仅服务于大学的相关课程。也许它标志着一种话语的到来，这种话语已经准备好反思自己的历史，提出自己的理论，追求自己的研究计划，并带来不仅让我们感到惊讶，甚至让其自身也感到意外的见解。

将成果存档。艺术展览并不仅仅是停留在墙上的作品、交付的活动计划或出版的图录。为每个展厅拍摄几张信息量不大的全景照片，收集新闻剪报，将图录添加到图书馆，并将公告归档到行政记录中，这些都不足以成为展览、博物馆陈列和机构规划的历史记录。在机构网站上进行在线存档也不是长久之计，因为快速搜索和引人注目的视觉图像占据主导地位（这是必须的，因为它们旨在暂时吸引那些正在搜索或浏览的人的注意力）。在这些情况下，存档功能往往会逐渐减弱。尽管通过记录对话来做历史研究具有即时性和吸引力，但无论这些对话被反复研究和重新收集多少次，都只是朝着发展解释性结构迈出的第一步，而这种解释性结构可以支撑历史，并且随着时间的推移，需要修订和重新思考。如果要构建和维持一种反思性实践，还需要更多的努力。我希望看到策展人详细记录他们思考和规划的每一个阶段，并阅读他们如何预先设想展览的陈述，包括这些想法在展览形成期间是如何变化的。我希望了解他们在展览中行走的学习过程，以及他们对不同观众的看法。当然，如果能记录观众的反应和观众的见解，那将是很棒的。如果能看到策展人撰写更多关于其他展览的文章，这将是向前迈出的重要一步，因为这些信息启发了他们自己的展览，或者是为了响应他们的展览而策划的，甚至是专门致力于同一艺术家或类似问题的展览。让人们看到展览之间的对话（相当于文学中的互文性），将有助于阐明我们所设定的策展话语核心和独特的媒介，这样做对于策展思想的进步至关重要。这些都不是艺术史本身，也不是艺术批评。这是策展和展览制作的历史和理论，两者都致力于像艺术批评和艺术史一样将艺术公之于众，并推动未来的艺术发展。

  我们已经讨论了此情境中浮现的许多其他建议，这些建议将按照出现的顺序进行罗列。为了避免重复，我将把它们（以及刚才提出的想法）作为口号提出。如果您愿意，可以翻到本书之前的章节中查看讨论过它们的地方。它们共同构成了我对开篇问题的回答。这些就是当代策展思考的组成要素：

  展示艺术作品。摒弃沉默。
  策划反思性展览。构建研究能力。
  阐明策展思想。归档成果。
  重塑展览形式。改造展览复合体。

扩展替代性展览场所。激活基础设施。

拥抱观众。批判性地策划艺术和社会中的当代性——过去、现在和未来。

我意识到，对于世界各地许多艺术界人士，尤其是那些将艺术创作本身视为一场与稀缺所做的斗争，面对基础设施每天都面临消失威胁的人们来说，这些建议看起来像是对他们希望解决的问题的解决方案。与在其他地方担任策展人所面临的挑战相比，在条件优越的社会中担任策展人所面临的挑战显得微不足道。中东地区正笼罩在社会危机之中，欧洲越来越多的成员国实施了紧缩措施，对非营利部门（作为支持艺术发展的基础部门）产生了直接影响，许多边缘国家再次回到独裁政府。与此同时，在南美洲，人民政府必须优先考虑人民的需求。非洲甚至连这一层面的需求都难以实现。然而，艺术和策展活动在为这些地区和其他地区带来积极的社会变革方面发挥了关键作用，这对于未来的发展建设至关重要。西方与其余国家、北方与南方的分裂虽然真实存在且持续存在，但正在逐渐消退。正如我试图展示的，适合每个时代和地点的模式正在不断出现，并且不断接受检验。鉴于我们所有人在气候变化面前都迫切需要参与到全球危机意识的议题中来，因此，世界各地的艺术家和策展人对各种举措保持警惕，无论这些举措在哪里施行，这一点都不足为奇。

在引言中，我请大家将"思考、当代、策展"这三个词想象成布鲁斯·瑙曼作品中的霓虹灯文字，类似于他的《100个生与死》。我们将它们视为三个独立闪烁的想法，但通常也将其组合成一系列近乎句子的表达形式，有些非常清晰，有些含糊不清，有的似乎还在等待时机来解释。我一直在追踪当代思想在当前策展思考中的方向，许多思维方式已经变得清晰可见，尽管有些人追随流行性方式，它们同样也构成了一种充满活力的开放式话语，一种在展览中、通过展览、在展览过程里进行思考而起作用的话语。这是我在第一章中概述并在那之后不断努力扩展的广义话语。这三个词中只有一个组合被排除在外，即"策划当代思想"（curating contemporary thinking）。这种"策展"是公关人员、宣传员、媒体经理和商业说客的专利，与艺术的本质，与能称为"思考"的事物所必需的批判精神，也与推动当代性本身的差异化背道而驰。它与本书中推崇的策展背道而驰，或许本书可能也是一项颇具争议的有关当代策展思考的实践。

1 凯特·福尔，《反思策展：当今的生成性实践》(Reflexive Curating: Generative Practices Today, 未发表论文，2011年，在蒙特利尔当代艺术博物馆举办的第五届马克斯和伊丽丝·斯特恩国际研讨会"制造展览"上公布，2011年3月24日至25日）。
2 Tino Sehgal, in April Lamm, ed., *Hans Ulrich Obrist, Everything You Always Wanted to Know About Curating **But Were Afraid To Ask* (Berlin: Sternberg Press, 2011), 11.
3 最透彻的分析可能出现在曼纽尔·卡斯特尔斯（Manuel Castells）的《网络社会的崛起》(*The Rise of Network Society*)一书中，该书是他三部曲《信息时代：经济、社会、文化》[*The Information Age: Economy, Society, Culture*, 2nd ed. (Malden, Mass.: 2000)]的第一卷。还有一篇将艺术变化与这种文化联系起来的文章，请参见 Kazys Varnelis, "The Immediated Now: Network Culture and the Poetics of Reality," in *networked: a (networked_book) about (networked_art)*, http://networkedbook.org/。这仅仅是开始；若要深刻理解还需时间，尽管塞思·普莱斯（Seth Price）自2002年以来一直在修订的杰出文章《分散》(*Dispersion*)是艺术家在变化发生时就思考这种变化的强有力的例子。请参见 http://www.distributedhistory.com/Disperzone.html。
4 *First Among Equals* (Philadelphia: Institute of Contemporary Art, University of Pennsylvania, 2012), http://www.icaphila.org/exhibitions/first-among-equals.php.

图片版权说明

p. 2: Courtesy Juliet Darling and Roslyn Oxley9 Gallery, Sydney; p. 7: Courtesy Benesse Holdings, Inc. ©Bruce Nauman/Licensed by Artists Rights Society, New York; p. 22: Courtesy the artist and The Museum of Modern Art, New York. ©2010 William Kentridge. Photo: Paula Court; p. 27: Courtesy Exit Art; p. 27: Photo: Alexandra Kleiman; p. 29: Courtesy Serpentine Gallery, London. ©Mark Blower; p. 38: ©The Metropolitan Museum of Art, New York. Image source: Art Resource, New York; p. 38: Courtesy Peter Mörtenböck & Oda Projesi. ©Peter Mörtenböck and Helge Mooshammer; p. 39: Courtesy Jon Rubin and Dawn Weleski; p. 42: Collection of Ydessa Hendeles Art Foundation. Courtesy Ydessa Hendeles Art Foundation. Photo: Robert Keziere; p. 43: Courtesy Ydessa Hendeles Art Foundation and Andrea Rosen Gallery. Photo: Jessica Eckert; p. 49: Courtesy the artist; neugerriemschneider, Berlin; and Tanya Bonakdar Gallery, New York. Photo ©2012 Tate, London; p. 52: Courtesy Lorena M. Photo: Lorena M.; p.53: Courtesy Neil Cummings. Creative Commons Attribution 3.0; p. 55: Courtesy the artist and Gavin Brown's enterprise. ©Rirkrit Tiravanija; p. 56: ©The Museum of Modern Art/Licensed by SCALA. Image source: Art Resource, New York; p. 60: ©Christian Hanussek/Rautenstrauch-Joest-Museum, Germany; p. 60: Collection Kolumba Koeln. Photo ©Lothar Schnepf/Kolumba Koeln, Germany; p. 79: ©Marcel Broodthaers/Licensed by Artists Rights Society, New York; p. 81: Courtesy the

Museum of Art, Rhode Island School of Design, Providence; p. 83: Courtesy the author; p. 84: ©2012 Hans Haacke/Licensed by Artists Rights Society, New York/VG Bild-Kunst, Bonn, Germany; p. 87: ©2012 Joseph Kosuth/Licensed by Artists Rights Society, New York. Photo: Ken Schles; p. 89: ©Centre Pompidou MNAM/CCI, Kandinsky Library. Photo: K. Ignatiadis; p. 94: Photo: Museum Department. Courtesy of the Maryland Historical Society, Baltimore; p. 96: Courtesy the artist. Photo: Kelly & Massa Photography; p. 100: ©2011 KAH Bonn. Photo: David Ertl; p.103 : Permanent collection: Chinati Foundation, Marfa, Texas. Art ©Judd Foundation/Licensed by VAGA, New York. Photo: Douglas Tuck, 2009; p. 118: Courtesy the artist and Collezione Zattoni; p. 122: Courtesy Hatje Cantz; p. 125: Photo: Werner Maschmann; p. 128: Courtesy Irwin. ©2004 East Art Map; p. 132: Courtesy the artists, Frith Street Gallery, London, and ZKM | Center for Art and Media, Karlsruhe, Germany; p. 135: Courtesy ZKM | Center for Art and Media, Karlsruhe, Germany; p. 136: Courtesy ZKM | Center for Art and Media, Karlsruhe, Germany. ©Stewart Smith, Robert Gerard Pietrusko, Bernd Lintermann. Photo: Fidelis Fuchs; p. 157: Courtesy Biennale of Sydney; p. 159: Collection Museum of Contemporary Art Barcelona. Courtesy Palle Nielsen. Photo: Palle Nielsen; p. 160: Courtesy Tensta Konsthall; p. 161: Courtesy Frederico Morais; p. 161: Photo: Jessica Gogan; p. 164: Courtesy Marina Abramović and Sean Kelly Gallery. ©Marina Abramović. Photo: Marco Anelli; p. 164: Courtesy Marina Abramović and Sean Kelly Gallery. ©Marina Abramović; p. 169: Photo: Margherita Spiluttini; p. 170: Photo: Werner Maschmann; p. 175: Collection Van Abbemuseum, Eindhoven, the Netherlands; p. 176: Collection Van Abbemuseum, Eindhoven, the Netherlands. Photo: Peter Cox; p. 179: Collection Van Abbemuseum, Eindhoven, the Netherlands; Photo: Peter Cox; p. 182: ©The Solomon R. Guggenheim Foundation, New York.

Photo: David Heald; p. 184: Courtesy the artist and Stella Art Foundation, Moscow. Photo: Daria Novgorodova; p. 191: Courtesy the artist; p. 192: Courtesy Gallatin Galleries; p. 197: Courtesy Whitney Museum of America Art, New York. Photo: Paula Court; p. 199: Courtesy the artists and New Museum, New York. Photo: Benoit Pailley

作者简介

特里·史密斯（Terry Smith），澳大利亚人文科学院院士（FAHA），国际艺术史学会（CIHA）成员，是匹兹堡大学艺术与建筑史系的安德鲁·W.梅隆基金会（Andrew W.Mellon）当代艺术史与理论教授，也是新南威尔士大学美术学院国家实验艺术研究所的杰出客座教授。他曾于2010年获得美国大学艺术协会（College Art Association）颁发的马瑟（Mather）艺术评论奖，以及2010年澳大利亚委员会视觉艺术桂冠奖。在2001年至2002年期间，他是洛杉矶盖蒂研究所的盖蒂学者（Getty Scholar），并在2007年至2008年担任罗利-达勒姆国家人文研究中心的葛兰素史克高级研究员（GlaxoSmithKlein Senior Fellow）。从1994年至2001年，他是悉尼大学艺术与视觉文化基金会当代艺术Power教授和Power艺术与视觉文化基金会的主席。他曾是纽约艺术与语言小组（Art & Language group）的成员，也是悉尼Union Media Services的创始人。他撰写了多部著作，包括《制造现代：美国的工业、艺术与设计》（*Making the Modern: Industry, Art and Design in America*，芝加哥大学出版社，1993年；2009年首届乔治亚·奥基夫博物馆图书奖），《澳大利亚艺术的变迁》（*Transformations in Australian Art*）第一卷《十九世纪：风景、殖民地与国家》（*The Nineteenth Century: Landscape, Colony and Nation*）和第二卷《二十世纪：现代主义与原住民性》（*The Twentieth Century: Modernism and Aboriginality*）（Craftsman House，悉尼，2002年），《余波的建筑》（*The Architecture of*

Aftermath，芝加哥大学出版社，2006年），《什么是当代艺术？》(*What is Contemporary Art?*，芝加哥大学出版社，2009年），以及《当代艺术：世界潮流》(*Contemporary Art:World Currents*，劳伦斯·金出版社和皮系逊/普伦蒂斯–霍尔出版社，2011年）。他还是多本书的编者，包括《无形之触：现代主义与男性气质》(*In Visible Touch: Modernism and Masculinity*, Power Publications 和芝加哥大学出版社，1997年），《原住民，第二次机会：人文与澳大利亚原住民》(*First People, Second Chance: The Humanities and Aboriginal Australia*，澳大利亚人文科学院，1999年），《不可能的存在：摄影时代的表面与屏幕》(*Impossible Presence: Surface and Screen in the Photogenic Era*, Power Publications 和芝加哥大学出版社，2001年），与保罗·帕顿（Paul Patton）合编的《雅克·德里达，解构参与：悉尼研讨会》(*Jacques Derrida, Deconstruction Engaged: The Sydney Seminars*, Power Publications，2001年；岩波书店，东京，2005年），《当代艺术与慈善》(*Contemporary Art+Philanthropy*，新南威尔士大学出版社，2007年），以及《艺术与文化的悖论：现代性、后现代性与当代性》[*Antinomies of Art and Culture: Modernity, Postmodernity, and Contemporaneity*，与南希·康迪（Nancy Condee）和奥奎·恩维佐合编，杜克大学出版社，2008年]。他是悉尼当代艺术博物馆的基金会董事会成员，目前也是匹兹堡安迪·沃霍尔博物馆的董事会成员。

个人网站：http://www.terryesmith.net/web

ICI 董事会

荣誉主席：

杰里特·L. 兰辛（Gerrit L. Lansing）**

名誉主席：

苏伊丹·R. 兰辛（Suydam R. Lansing）

主　　席：

帕特森·西姆斯（Patterson Sims）

副 主 席：

梅尔维尔·斯特劳斯（Melville Straus）

巴巴拉·托尔（Barbara Toll）

总　　裁：

让·明斯科夫·格兰特（Jean Minskoff Grant）

副 总 裁：

詹姆斯·科汉（James Cohan）

安·沙弗（Ann Schaffer）

董　　事：

杰弗里·毕晓普（Jeffrey Bishop）

吉尔·布里恩扎（Jill Brienza）

克里斯托与让-克劳德（Christo & Jeanne-Claude）**

安·库克（Ann Cook）

苏珊·库特（Susan Coote）

麦克辛·弗兰克尔（Maxine Frankel），荣誉董事

卡罗尔·戈德堡（Carol Goldberg），荣誉董事

玛丽琳·格林（Marilyn Greene）

阿格尼丝·冈德（Agnes Gund），荣誉董事

乔·卡罗尔·劳德（Jo Carole Lauder）

卡拉尔·G.莱布沃斯（Caral G. Lebworth），荣誉董事

劳尔·林（Laure Lim）

艾萨克·卢斯特加滕（Isaac Lustgarten）

维克·穆尼斯（Vik Muniz）

梅尔·沙弗（Mel Schaffer）

苏珊·索林斯（Susan Sollins），荣誉执行董事

尼娜·卡斯特利·桑德尔（Nina Castelli Sundell），荣誉董事

萨丽娜·唐（Sarina Tang）

弗吉尼亚·赖特（Virginia Wright），荣誉董事

* ICI 联合创始人

** 纪念

执行董事：

雷诺·普罗奇（Renaud Proch）

总 干 事：

凯特·福尔（Kate Fowle）

国际独立策展人协会（ICI）成立于1975年，总部设在纽约，为世界各地的不同受众提供展览、活动、出版物和培训。ICI支持对艺术领域发展起到关键作用的个人和各种形式的实践，旨在启发人们以全新的方式看待当代艺术，以期将多元的视角与当代艺术进行连接。

www.curatorsintl.org

译后记

当前,全球策展行业正日益转向为技术、生态与社会议题交汇的实验平台,其重心已从传统的展示功能扩展至跨媒介、分布式和多领域协作的知识系统建构。人工智能与数字技术的发展正在重塑展览的物理边界与叙事逻辑,将策展场景从具象空间升维至虚实混融的场域。同时,策展教育也突破了传统的史论框架,跃升至融合技术哲学、空间政治、人文思潮等领域的跨学科系统之中。

在中国语境下,设计策展研究尚属年轻领域。中央美术学院设计学院立足人文社会中设计实践的变迁,以全球性视野为面对当下社会未来发展构建教学体系,在国内开设首个"设计策展与空间叙事"专业方向。聚焦当代策展实践、空间叙事和展览设计等领域,对设计文化现象进行批判与反思,对物象感知和情境体验提供研究路径;力求以多元异质的方式切入策展议题,以多元视角拓展当代设计策展的潜力。秉持"设计策展作为书写中国设计史的一种途径"为教学目标,希望为国内设计策展与批评研究、设计博物馆建设、设计收藏体系的完善与更新培养核心人才。在此,特别感谢中央美术学院,以及为新专业的建设与发展付出心血的同事们、参与教学的各位师友。

"设计策展·理论与实践系列"出版物的推出,旨在通过引进国际前沿理论成果与实践案例,为国内策展领域提供切实可行的路径与方法。本书围绕"当代策展思想"展开,并深入分析国际策展面貌,汇集策展人对当下行业关键挑战的讨论,反映其背后的思考与洞察力,评估策展回应当代现状的主要趋势。

在本书的出版过程中，首先要衷心感谢"国际独立策展人协会"（ICI）及作者特里·史密斯的杰出贡献；特别鸣谢机械工业出版社极具前瞻性地发起该出版系列，感谢饶薇、马晋、徐强的鼎力支持；同时，诚挚感谢参与本次工作的硕博生：崔潇、韩子懿、贺婧、李若一、刘泓瑜、王梦涵、袁冰、杨庆宣。期待本成果能够链接课堂教学并延展至行业实践，为中国策展领域开拓新视野。